STORIES from

MeXiCo

HISTORIAS de

MéXiCo

SIDE BY SIDE BILINGUAL BOOKS

STORIES from

MeXiCo

HISTORIAS de

MéXiCo

Genevieve Barlow • William N. Stivers

McGraw
Hill

New York Chicago San Francisco Lisbon London Madrid Mexico City
Milan New Delhi San Juan Seoul Singapore Sydney Toronto

Library of Congress Cataloging-in-Publication Data

Barlow, Genevieve.
    Stories from Mexico = Historias de México / by: Genevieve Barlow and William
N. Stivers. — [2nd ed.].
        p.   cm. — (Side by side bilingual books)
    English and Spanish.
    ISBN 0-07-170176-1
    1. Spanish language—Readers—Legends.   2. Legends—Mexico.
3. Spanish language—Textbooks for foreign speakers—English.   I. Stivers,
William N.   II. Title.   III. Title: Historias de México.

PC4127.L4B36   2009
468.6'421—dc22   2009047869

3 4 5 6 7 8 9 10 11 12 13 14 15 16   QFR/QFR   1 9 8 7 6 5 4 3 2

ISBN 978-0-07-170176-1
MHID   0-07-170-176-1

McGraw-Hill books are available at special quantity discounts to use as premiums and
sales promotions or for use in corporate training programs. To contact a representative,
please e-mail us at bulksales@mcgraw-hill.com.

Bonus Audio Downloads

Audio recordings can be obtained from mhprofessional.com for the following titles:

Stories from Latin America/Historias de Latinoamérica
Stories from Mexico/Historias de México
Stories from Puerto Rico/Historias de Puerto Rico
Stories from Spain/ Historias de España

Simply follow these easy steps:

1. Go to mhprofessional.com.
2. Search for *Stories from Mexico/Historias de México*
3. Locate "Downloads" underneath the book's cover image.
4. Select story link to listen and/or download.

Contents/Contenido

Río Grande

Baja California

Golfo de California

Sierra Madre Occidental

Sierra Madre Oriental

GOLFO de MÉXICO

Uxmal

Guanajuato

Guadalajara

Teotihuacán

Veracruz

México D.F.

Ixtaccíhuatl

Popocatépetl

Puebla

OCÉANO PACÍFICO

Acapulco

Preface

SIDE BY SIDE BILINGUAL BOOKS introduces readers to engaging stories in a bilingual format, in which both versions of the text appear side by side on facing pages.

Stories from Mexico/Historias de México explores the rich folk legacy of Mexico. The sixteen legends in this collection are in chronological order and span about 1,500 years. They include tales from indigenous peoples from the time before Columbus, as well as stories from the Spanish colonial period and later. The cast of characters includes gods and goddesses, animals, famous warriors, conquistadors, and explorers.

The legends are presented in accessible language in both English and Spanish so readers may gain valuable reading skills in their new language while at the same time enjoying the support of their native language. Comprehension may be checked in either language by comparing the two versions of the story, or by referring to the bilingual vocabulary list at the end of the book.

It is our hope that readers will enjoy these captivating tales as they explore the great cultural heritage of Mexico.

Prólogo

SIDE BY SIDE BILINGUAL BOOKS ofrece a los lectores unas simpáticas historias bilingües, en las cuales las dos versiones del cuento aparecen lado a lado en páginas opuestas.

Stories from Mexico/Historias de México explora la rica tradición folklórica de México. Las dieciséis leyendas están en orden cronológico y comprenden un período de unos 1,500 años. Incluyen leyendas precolombinas, historias del período colonial y cuentos más recientes. Los personajes incluyen dioses, animales, guerreros, conquistadores y exploradores.

Hemos publicado las leyendas de forma fácilmente comprensible en inglés y español para que los lectores puedan mejorar su habilidad para leer en su nuevo idioma, mientras siguen gozando del apoyo de su idioma materno. Es posible comprobar el grado de entendimiento comparando las dos versiones de la historia, y por medio de la lista bilingüe de vocabulario al final del libro.

Es nuestro deseo que los lectores disfruten de estas historias encantadoras mientras exploran la gran tradición cultural de México.

The Sun and the Moon

In almost all the cultures of the world there are legends that explain the origin of these two celestial bodies. This legend also explains why, in Mexico, one can see animal tracks on the moon. Other legends tell us that in Peru, a fox is in the moon, while in Spain, in Vietnam, and in the United States there is a man. How strange that the astronauts did not see any of them!

El sol y la luna

En casi todas las culturas hay leyendas que explican el origen de estos dos cuerpos celestiales. Esta leyenda explica también por qué en México se pueden ver las huellas de un animalito en la luna. Otras leyendas nos dicen que en el Perú un zorro está en la luna, mientras en España, en Vietnam y en los Estados Unidos hay un hombre. ¡Qué curioso que los astronautas no los vieron!

Before there was light in the world, the gods of Teo-tihuacan[1] were talking among themselves, trying to decide who was going to give light to the world. All the gods were in a large room in one of the many temples. They asked, "Who among us are willing to give light to the world?" All of them knew that to give light to the world was not an easy task. It was going to cost the lives of those who decided to do it, for they would have to throw themselves into a great fire.

No one answered at first. Then, one of the youngest of the gods, Tecuciztecatl, spoke and said in a loud voice, "I am willing to throw myself into the fire." Everyone said to-gether, "The god Tecuciztecatl is a great god! We all con-gratulate him."

But there had to be two gods and there was no one else among them brave enough to accompany Tecuciztecatl. He made fun of the others saying, "Where is there a god as brave as I in the whole region? Isn't there anyone willing to sacri-fice his life to give light to the world?"

No one answered. All of them kept silent for a few min-utes and then they began to talk among themselves. During this discussion, there was so much noise and such moving about that no one noticed that a very old god got up slowly and stood in front of them all.

The old god was poor and humble. His clothing was not elegant. All the others wanted to know why he had stood up.

"What does he want?" some said.

"Who does he think he is?" others commented.

"We do not have time for the old now," the younger gods said.

"He is not brave enough," some of the gods shouted.

---

[1]City of the gods near Mexico City.

Antes de que hubiera luz en el mundo, los dioses de Teotihuacán[1] hablaron entre sí para decidir quiénes iban a dar luz al mundo. Todos los dioses estaban en un salón grande de uno de los muchos templos. Preguntaron:

—¿Quiénes de nosotros van a dar luz al mundo?

Todos sabían que dar luz al mundo no era una tarea fácil. Iba a costar la vida de los que decidieran hacerlo, pues tenían que echarse en una gran hoguera.

Nadie contestó al principio. Luego uno de los más jóvenes de los dioses, Tecuciztécatl, habló y dijo en voz alta:

—Yo estoy dispuesto a echarme al fuego.

Todos a una voz dijeron: —¡El dios Tecuciztécatl es un gran dios! Todos te felicitamos.

Pero necesitaban dos dioses y no había otro dios lo suficientemente valiente para acompañar a Tecuciztécatl. Él se burló de los otros diciendo:

—¿Dónde hay un dios tan valiente como yo en toda la región? ¿Nadie se atreve a ofrecer su vida para dar luz al mundo?

Nadie contestó. Todos guardaron silencio por unos minutos y luego comenzaron a discutir entre sí. Durante la discusión el ruido era tan grande y el movimiento tanto que no se dieron cuenta de que un dios viejito se levantó lentamente y se puso delante de todos ellos.

El viejito era pobre y humilde. Su ropa no era elegante. Los otros quisieron saber por qué él se había levantado.

—¿Qué quiere él?— dijeron algunos.

—¿Quién cree él que es?— dijeron otros.

—No tenemos tiempo para los viejitos ahora— dijeron los más jóvenes.

—Él no es lo suficientemente valiente— gritaron unos de los dioses.

---

[1]Ciudad de los dioses cerca de México, D.F.

"How can an old god want to give up his life?" the chiefs of the gods said.

But the old god, raising his hand, asked for silence and said, "I am Nanoatzin, and I am old indeed, but I am willing to give my life. The world needs light. And, since there are no other volunteers, I want to offer what is left of my life to give light to the world."

After a moment of silence they all shouted, "Great is Nanoatzin!" If the congratulations given to Tecuciztecatl were many, those given to Nanoatzin were even more.

Then, they all began to make the necessary garments for the ceremony. They were truly beautiful, made of very fine cotton, with gold, silver, and bird feathers of every color.

For a whole week no one ate anything. All of them meditated, because giving the world light was very important.

When the day arrived, a great fire was lit in the center of the room. The light illuminated everything.

Tecuciztecatl was the first to approach the fire, but the heat was so intense that he moved back. Four times he tried to enter, but he was never brave enough.

Then Nanoatzin, the old god, got up and walked toward the fire. He entered the fire and lay down calmly.

"Oh!" everyone said reverently. And everyone repeated in a whisper, "Great is Nanoatzin!"

Then it was Tecuciztecatl's turn. He was ashamed. The old god was not afraid, but he was. So he threw himself into the fire too.

All the gods waited and when there was no longer any fire, all of them got up and left the room to wait for the light.

They did not know from which direction the light would appear, nor how it would appear. Suddenly, a ray of sun appeared in the east, then the full sun. It was very brilliant and everyone knew that it was Nanoatzin because he had entered the fire first.

—¿Cómo puede querer un viejito dar su vida?— dijeron los principales de entre los dioses.

Pero el viejito, levantando la mano, pidiendo silencio, dijo:

—Yo soy Nanoatzín, viejo sí, pero dispuesto a dar mi vida. El mundo necesita luz. Como no hay otros voluntarios, quiero ofrecer lo que queda de mi vida para dar luz al mundo.

Después de un momento de silencio, —Grande es Nanoatzín— gritaron todos. Si las felicitaciones dadas a Tecuciztécatl fueron muchas, las dadas a Nanoatzín fueron mayores.

Luego todos se pusieron a hacer la ropa necesaria para la ceremonia. Era muy bonita, de algodón muy fino, con oro, plata y plumas de aves de todos colores.

Durante toda una semana nadie comió. Todos estaban en estado de meditación porque dar luz al mundo era muy importante.

Cuando llegó el día, encendieron una gran hoguera en el centro del salón. La luz iluminó todo.

Tecuciztécatl fue el primero que se acercó al fuego, pero el calor era tanto que él se retiró. Cuatro veces trató de entrar, pero él no se atrevía.

Luego Nanoatzín, el viejito, se levantó y caminó hacia la hoguera. Él entró en el fuego y se acostó tranquilamente.

—¡Ay!— dijeron todos con mucha reverencia. Y en voz baja todos repitieron: —¡Grande es Nanoatzín!

Después le tocó a Tecuciztécatl. Él tenía vergüenza. El viejito no tenía miedo y él sí. Así que él se echó al fuego también.

Todos los dioses esperaron y, cuando ya no había fuego, todos se levantaron y salieron del salón para esperar las luces.

No sabían de qué dirección ni cómo iba a llegar la luz. De repente, un rayo de sol apareció en el este; luego, el sol entero. Era muy brillante y todos sabían que era Nanoatzín porque él entró en el fuego primero.

Then, after some time, another light appeared. It was the moon, and it was as brilliant as the sun.

One of the gods then said, "We should not have two lights that are the same. Nanoatzin entered first. He should have the brighter light. We should darken the second light a little."

Then, another god took a rabbit and threw it into the sky, hitting the moon.

To this day, the sun is brighter than the moon and if one looks carefully at the moon, one can see the tracks of the rabbit.

Después de algún tiempo, salió también otra luz. Era la luna, y era tan brillante como el sol.

Uno de los dioses luego dijo:

—No debemos tener dos luces iguales. Nanoatzín entró primero. Él debe tener la luz más fuerte. Debemos oscurecer un poco la segunda luz.

Y otro de los dioses agarró un conejo y lo arrojó al cielo, pegándole a la luna.

Hasta el día de hoy, el sol es más brillante que la luna; y si uno se fija bien en la luna, puede ver las huellas del conejo.

The Rabbit's Ears

Stories about rabbits are popular not only in the United States, but also in other parts of the New World. This little animal is a smart, mischievous, and happy character. He likes to make fun of other animals, whether they are large or small, especially the Mexican coyote. Even though he is a rogue, the rabbit is generally the hero of all the stories. This legend is of Mayan origin.

Las orejas del conejo

Los cuentos del conejo son populares no sólo en Estados Unidos sino también en otras partes del Nuevo Mundo. Este animalito es un personaje astuto, travieso y alegre. Le gusta burlarse de los otros animales, grandes y pequeños, especialmente del coyote de México. Aunque es un pícaro, el conejo es generalmente el héroe de todos los cuentos. Esta leyenda es de origen maya.

Once, thousands of years ago, the rabbit had very small ears, like the ears of a cat. The rabbit was happy with his ears, but not with the size of his body. He wanted to be big, as big as a wolf, a coyote, or even a lion.

One day when the rabbit was hopping along through the fields, he saw the lion, the king of the animals, near the forest.

"How big and beautiful he is!" the rabbit said. "And I am so little and ugly."

The rabbit was so sad that he sat down under a tree and began to cry bitterly.

"What's the matter, little rabbit? Why are you crying?" asked the owl who lived in the tree.

"I'm crying because I want to be big, very big," said the little rabbit.

The owl was a wise bird. He closed his eyes for two or three minutes in order to think about the problem and then he said, "Little rabbit, you should pay a visit to the god of the animals. I think he can make you bigger."

"Many thanks, wise owl. I'll visit him right now," the rabbit answered. And he went hopping along toward the hill where the god lived.

"Good morning. How are you?" the god of the animals said when he saw the little rabbit.

"Good morning, sir. I am sad because I am so small. Your majesty, could you make me big, very big?"

"Why do you want to be big?" the god asked, smiling.

"If I am big, some day I can be king of the animals instead of the lion."

"Very well, but first you have to do three difficult tasks. Then I'll decide whether I should make you bigger or not."

"What do I have to do?"

"Tomorrow you have to bring me the skins of a crocodile, a monkey, and a snake."

"Very well, sir. I'll see you tomorrow."

Una vez, hace miles de años, el conejo tenía las orejas muy pequeñas, tan pequeñas como las orejas de un gatito. El conejo estaba contento con sus orejas, pero no con el tamaño de su cuerpo. Él quería ser grande, tan grande como el lobo o el coyote o el león.

Un día cuando iba saltando por los campos, el conejo vio al león, rey de los animales, cerca del bosque.

—¡Qué grande y hermoso es!— dijo el conejo. —Y yo soy tan pequeño y feo.

El conejo estaba tan triste que se sentó debajo de un árbol y comenzó a llorar amargamente.

—¿Qué tienes, conejito? ¿Por qué lloras?— preguntó la lechuza que vivía en el árbol.

—Lloro porque quiero ser grande, muy grande— dijo el conejito.

La lechuza era un ave sabia. Cerró los ojos por dos o tres minutos para pensar en el problema y luego dijo:

—Conejito, debes visitar al dios de los animales. Creo que él puede hacerte más grande.

—Mil gracias, lechuza sabia. Voy a visitarlo ahora— respondió el conejo. Y fue saltando hacia la colina donde vivía el dios.

—Buenos días. ¿Cómo estás?— dijo el dios de los animales cuando vio al conejito.

—Buenos días, señor. Estoy triste porque soy tan pequeño. Su majestad, ¿podría hacerme grande, muy grande?

—¿Por qué quieres ser grande?— preguntó el dios con una sonrisa.

—Si soy grande, algún día yo, en vez del león, puedo ser rey de los animales.

—Muy bien, pero primero tienes que hacer tres cosas difíciles. Entonces voy a decidir si debo hacerte más grande o no.

—¿Qué tengo que hacer?

—Mañana tienes que traerme la piel de un cocodrilo, de un mono y de una culebra.

—Muy bien, señor. Hasta mañana.

The rabbit was happy. He hopped along toward the river. Here he saw his friend, the small crocodile.

"Friend crocodile, could you lend me your elegant skin until tomorrow? I need it for . . ."

"For a party, huh?" the crocodile said before the rabbit could tell him the truth.

"Yes, yes," the rabbit answered quickly.

"Oh, what a great honor for me! Here it is."

With the crocodile skin, the rabbit visited the monkey and the snake. Each friend gave him his skin for the party.

Very early the following morning, the rabbit went very, very slowly with the heavy skins to the god of the animals.

"Here I am with the skins," the little rabbit shouted happily. The god was surprised. He thought, "What a clever little rabbit this is!" But he said out loud, "If I make you bigger, you'll possibly harm other animals without wanting to. For that reason, I'm only going to make your ears bigger. That way you'll be able to hear better and that's very useful whenever your enemies are near."

The god touched the rabbit's small ears and, as if by magic, they became bigger. The rabbit didn't have time to say a thing, not even one word.

"Thank you very much, good god of the animals. You are very wise and kind. Now I'm very happy," the rabbit said. And he went hopping along through the fields with the skins which he gratefully returned to his friends.

The following day, he saw that the lion was visiting the owl. The owl told the rabbit, "Good morning, my friend. You look very handsome. And for you, it's better to have big ears than a big body."

With great dignity the lion said, "The owl is right."

And from that day on, the rabbit lived very happily with his small body and his big ears.

El conejo estaba alegre. Fue saltando, saltando hacia el río. Aquí vio a su amigo, el pequeño cocodrilo.

—Amigo cocodrilo, ¿podrías prestarme tu piel elegante hasta mañana? La necesito para . . .

—Para una fiesta, ¿no?— dijo el cocodrilo antes de que el conejo pudiera decir la verdad.

—Sí, sí— respondió rápidamente el conejo.

—¡Ay, qué gran honor para mí! Aquí la tienes.

Con la piel del cocodrilo, el conejo visitó al mono y a la culebra. Cada amigo le dio al conejo su piel para la fiesta.

Muy temprano a la mañana siguiente, el conejo fue despacio, muy despacio, con las pieles pesadas ante el dios de los animales.

—Aquí estoy con las pieles— gritó felizmente el pequeño conejo.

El dios estaba sorprendido. Pensó: «¡Qué astuto es este conejito!» Pero en voz alta dijo:

—Si te hago más grande, puede ser que hagas daño a los otros animales sin quererlo. Por eso voy a hacer grandes solamente tus orejas. Así puedes oír mejor y eso es muy útil cuando tus enemigos estén cerca.

El dios tocó las pequeñas orejas del conejo y, como por arte de magia, se le hicieron más grandes. El conejo no tuvo tiempo de decir nada, ni una palabra.

—Mil gracias, buen dios. Usted es sabio y amable. Ahora estoy muy feliz— dijo el conejo. Y fue saltando, saltando por los campos con las pieles que devolvió a sus amigos con gratitud.

Al día siguiente vio al león que estaba visitando a la lechuza.

La lechuza le dijo al conejo:

—Buenos días, amigo mío. Eres muy hermoso. Y para ti es mejor tener las orejas grandes que el cuerpo grande.

Con mucha dignidad, el león dijo:

—La lechuza tiene razón.

Y desde aquel día el conejo vivió muy contento con su cuerpo pequeño y sus orejas grandes.

3

The Lion and the Cricket

One of the most advanced civilizations of the Indians of the Americas was that of the Maya. It existed between the years 300 B.C. and 1500 A.D. The descendants of the Maya still live in Yucatan, Mexico, in Guatemala, and in El Salvador and Honduras. This legend has been retold from the time of the Maya to the Mexicans of today. The theme is known throughout the world, especially in the Spanish-speaking countries.

El león y el grillo

Una de las civilizaciones más avanzadas de los indios de América fue la de los mayas. Existió entre los años 300 a. de J. C. y 1500 d. de J. C. Los descendientes de estos indios continúan viviendo en Yucatán, México, en Guatemala, en El Salvador y en Honduras.

Esta leyenda ha sido recontada desde el tiempo de los mayas a los mexicanos de hoy. El tema es conocido por todo el mundo, especialmente en los países de habla española.

thousands of years ago, only insects, animals,
birds lived in this world. Their king was the
He was a proud and selfish animal. That's
friends.

spring, the lion got up very early. He left his
cave and ran through the grass and flowers of the fields. He
was seeking adventures and he wanted to be the hero of each
one of them.

When the lion came close to a small woods, an eagle saw
him and without waiting a single second, the eagle shouted
to all the insects, animals, and birds, "Be careful! Here
comes the lion! Everybody hide!"

Immediately, the animals hid in caves or behind large
rocks. The birds hid in their nests. All the insects, except
one, hid in the plants.

But, how sad! The insect that did not hear the eagle's
words of warning was a humble, little cricket. He was singing while he worked in his garden located near the forest,
and he didn't hear the eagle's words.

The lion was surprised when he didn't see any animals,
birds, or insects in the forest. But he did hear a song coming
from the other side of the forest.

"Let's see who is singing that awful song," the lion said.

The king ran through the forest, and when he saw the
cricket in his garden he shouted to him, "How foolish you
are, cricket! Instead of singing that awful song, why didn't
you go to the forest to welcome me? How impolite you are!"

"I'm sorry, Mr. Lion. Please forgive me."

"I'll forgive you if you are obedient," the lion responded.

The poor cricket was very frightened and said, "Yes, sir,
I'll be obedient."

"Very well, then. You and I are going to have a race from
your garden to the big rock at the other side of the forest. If
you win, I'll forgive your lack of courtesy. But if you don't
win, I'm going to take over your garden and your house."

Una vez, hace miles de años, solamente los insectos, los animales y las aves vivían en este mundo. Su rey era el león. Era un animal orgulloso y egoísta. Por eso, no tenía amigos.

Un día de primavera el león se levantó temprano. Salió de su cueva y corrió por la hierba y las flores de los campos. Buscaba aventuras y quería ser el héroe de ellas.

Cuando el león vino cerca de un bosque pequeño, un águila lo vio. Sin esperar un momento, ella gritó a los insectos, animales y aves:

—¡Cuidado! ¡Aquí viene el león! ¡Todos deben esconderse!

Inmediatamente los animales se escondieron en las cuevas o detrás de las rocas grandes. Las aves se escondieron en sus nidos. Los insectos, todos menos uno, se escondieron en las plantas.

Pero, ¡qué lástima! El insecto que no oyó las palabras era un grillo pequeño y humilde. Él cantaba mientras trabajaba en su jardín cerca del bosque y no oyó las palabras del águila.

El león estaba sorprendido cuando no vio ningún animal, ni ave ni insecto en el bosque. Pero oyó una canción del otro lado del bosque.

—Vamos a ver quién canta esa canción fea— dijo el león.

El rey corrió por el bosque y, cuando vio al grillo en su jardín, le gritó:

—¡Qué tonto eres, grillo! En vez de cantar esa canción tan fea, ¿por qué no fuiste al bosque para decirme «Bienvenido»? ¡Qué falta de cortesía tienes!

—Lo siento mucho, señor León. Por favor, perdóneme.

—Voy a perdonarte si eres obediente— respondió el león.

El pobre grillo tenía mucho miedo, y dijo: —Sí, señor, voy a ser obediente.

—Muy bien. Entonces tú y yo vamos a hacer una carrera desde tu jardín hasta la roca grande que está al lado del bosque. Si ganas, voy a perdonar tu falta de cortesía. Pero si no ganas, voy a tomar posesión de tu jardín y de tu casa.

The cricket didn't know what to say. He didn't know what to do. Finally, he had a good idea and said, "Very well, let's do it."

"Fine," said the lion. "When I say 'three', let's start running. Now, ready, set, one, two, THREE."

When he heard "three," the cricket jumped on the tail of the lion and sat down. But little by little he jumped from the lion's tail to his head. The lion ran swiftly. Many times he looked back, but he never saw the cricket.

"How foolish the cricket is! How slowly he runs! It'll take him an hour to get to the rock."

The lion was near the rock at the edge of the forest. He looked back once again. At that moment, the cricket jumped from the lion's head to the rock, where he sat down and began to sing. When the lion looked at the rock, the cricket said, "Welcome, Mr. Lion. Today you aren't running very fast."

The lion was confused and angry, but he forgave the cricket for his lack of courtesy. Then, he ran to his cave.

And from that day on, the cricket is one of the heroes of all the animals, birds, and insects of Mexico.

El grillo no sabía qué decir. No sabía qué hacer. Al fin tuvo una buena idea y respondió: —Muy bien, vamos a correr.

—Bueno— dijo el león. —Cuando diga «tres», vamos a correr. Ahora, listo, uno, dos, TRES.

Al oír «tres», el grillo brincó a la cola del león y se sentó. Pero, poco a poco fue brincando de la cola hasta la cabeza del rey. El león corrió rápidamente. Muchas veces miró hacia atrás pero nunca vio al grillo.

—¡Qué tonto es el grillo! ¡Qué despacio corre! En una hora va a llegar a la roca.

El león estaba cerca de la roca, al lado del bosque. Una vez más miró hacia atrás. En ese momento, el grillo brincó de la cabeza del león a la roca donde se sentó y comenzó a cantar. Cuando el león miró hacia la roca, el grillo dijo:

—Bienvenido, señor León. Hoy usted corre muy despacio.

El león estaba confuso y enojado. Pero perdonó al grillo por su falta de cortesía y luego corrió a su cueva.

Y de aquel día en adelante, el grillo es uno de los héroes de los animales, de las aves y de los insectos de México.

4

The Sweethearts

To the east of Mexico City there are two volcanoes that are always covered with snow. They are Popocatepetl, that is 17,000 feet high, and Ixtaccihuatl,[1] a little lower. From time to time, "Popo" is active and throws out smoke, but "Ixy" is quiet. "Popo" represents an Aztec warrior, watching over at the side of his sweetheart, "Ixy," who is sleeping. Mexicans say that when earthquakes occur, it means that the warrior is weeping for his beloved.

Los novios

Al este de la capital de México, hay dos volcanes que siempre están cubiertos de nieve. Son el Popocatépetl, que tiene una altura de 17.000 pies, y el Ixtaccíhuatl,[1] un poco más bajo. De vez en cuando «Popo» está activo y echa humo, pero «Ixy» está inactiva. «Popo» representa un guerrero azteca velando al lado de su novia, Ixy, que está durmiendo. Los mexicanos dicen que cuando hay temblores, él está llorando por su querida.

[1]From the Nahuatl language, meaning "sleeping woman."
Significa "mujer dormida" en el idioma náhuatl.

M any centuries ago, there was an Aztec emperor who had a very good and beautiful daughter named Ixtaccihuatl.

One day, the emperor received news that his enemies were getting ready to attack his country. So the emperor called the bravest young warriors to his palace and said to them, "Since I am an old man, I cannot fight. So name the bravest warrior to act as head of our Aztec army. If he can conquer our enemies and establish peace in our lands, I shall give him my throne and the hand of my daughter."

"Popo is the bravest and also the strongest. He should be our chief," all the warriors shouted, except one.

"Very well. Popocatepetl, you are the chief," said the emperor. "I know that our gods are going to help you to be victorious."

Among the warriors there was one who was very jealous of Popocatepetl. He thought that he should have been chosen chief, but he didn't say anything about his thoughts.

No one knew that the princess and Popocatepetl were in love. Before leaving for the war, the young chief went to the palace garden to say goodbye to his beloved.

"I shall return soon, my beloved," the young man told the princess. "Then, we shall be married."

"Yes, and you will always be by my side, isn't that true?" replied the princess.

"That's right. I am going to be by your side forever," said the young man.

With these words, Popocatepetl left for the war, which was long and cruel. No one was as brave as the Aztec chief.

Finally, the Aztec warriors were victorious and they all prepared to return to the capital. But the warrior who was jealous of Popocatepetl left first. He ran back so fast that he arrived two days before the others. He immediately an-

Hace muchos siglos había un emperador azteca que tenía una hija muy buena y hermosa que se llamaba Ixtaccíhuatl.

Un día el emperador recibió noticias de que sus enemigos estaban preparando un ataque contra su país. Así el emperador llamó a su palacio a sus jóvenes guerreros valientes y les dijo:

—Como soy viejo, ya no puedo pelear. Por eso, nombren al guerrero más valiente para que sirva de jefe de nuestro ejército azteca. Si él puede vencer al enemigo y establecer la paz en nuestra tierra, le daré mi trono y la mano de mi hija.

—Popo es el más valiente y también el más fuerte. Él debe ser nuestro jefe— gritaron todos los guerreros menos uno.

—Muy bien. Popocatépetl, tú eres el jefe— dijo el emperador. —Yo sé que nuestros dioses van a ayudarte a ser victorioso.

Entre los guerreros había uno que tenía muchos celos de Popocatépetl. Pensaba que él mismo debía ser jefe. Pero él no dijo nada de lo que estaba pensando.

Nadie sabía que la princesa y Popocatépetl estaban enamorados. Antes de salir para la guerra, el joven jefe fue al jardín para decir adiós a su querida princesa.

—Volveré pronto, mi querida— le dijo el joven a la princesa. —Entonces nos casaremos.

—Sí, y tú estarás siempre a mi lado, ¿no es verdad?— respondió la princesa.

—Tienes razón. Voy a estar a tu lado para siempre— dijo el joven.

Con estas palabras, Popocatépetl salió para la guerra que fue larga y cruel. Pero nadie era tan valiente como el jefe azteca.

Al fin, los guerreros aztecas fueron victoriosos y todos se prepararon para volver a la capital. Pero el guerrero que tenía celos de Popocatépetl salió primero. Fue corriendo tan rápidamente que llegó dos días antes que los otros. En se-

nounced that Popocatepetl was dead and that he himself had been the hero of the last battles. For this reason, he should be the next emperor and the husband of the princess.

The poor princess! She was so sad that she wanted to die.

The emperor was also sad because he believed that the warrior was telling the truth about Popo.

The following day, there was a great party at the palace to celebrate the wedding of the princess and the jealous warrior. Suddenly, the princess screamed, "Oh, my poor Popocatepetl!"
And she dropped dead.

At that moment, the Aztec warriors entered the palace. Popocatepetl ran to the side of the emperor and announced, "We have won. Now the princess and I can be married."

There was a great silence. Everyone looked toward the princess.

On seeing that his beloved was dead, the young man ran weeping to her side. He took her in his arms and said, "I will be at your side, my darling, until the end of time."

Then the brave chief sadly carried the body of the princess to the highest mountains. He placed her in a bed of beautiful flowers and sat down by her side.

Many days went by. Finally, one of the good gods changed the sweethearts into volcanoes. "Ixy" is silent. But from time to time, "Popo" trembles and from its heart come tears of fire. Then everyone in Mexico knows that "Popo" is weeping for his beloved princess.

guida anunció que Popocatépetl estaba muerto y que él había sido el héroe de las últimas batallas. Por eso, debía ser el próximo emperador y el esposo de la princesa.

¡La pobre princesa! Estaba tan triste que quería morir.

El emperador estaba triste también porque creía que el guerrero decía la verdad acerca de Popo.

Al día siguiente hubo una gran fiesta en el palacio para celebrar la boda de la princesa y el guerrero celoso. De repente la princesa gritó:

—¡Ay, mi pobre Popocatépetl!

Y ella cayó muerta al suelo.

En esos momentos, los guerreros aztecas entraron en el palacio. Popocatépetl corrió al lado del emperador y anunció:

—Hemos vencido. Ahora la princesa y yo podemos casarnos.

Hubo un gran silencio. Todos miraron en la dirección de la princesa.

Al ver a su querida muerta, el joven corrió llorando a su lado. La tomó en sus brazos y dijo:

—Hasta el fin del mundo voy a estar a tu lado, mi preciosa.

Entonces el valiente jefe llevó tristemente el cuerpo de la princesa a las montañas más altas. La puso en una cama de flores hermosas y se sentó a su lado.

Pasaron los días. Al fin, uno de los buenos dioses transformó a los novios en volcanes. «Ixy» es tranquila. Pero de vez en cuando «Popo» tiembla y de su corazón salen lágrimas de fuego. Entonces todo México sabe que «Popo» llora por su querida princesa.

5

The Dwarf of Uxmal

For more than two thousand years, the Maya or their descendants have lived in El Salvador, Honduras, Guatemala, and the southeast region of Mexico. The Maya had a very advanced civilization. Even today one can see the ruins of their magnificent temples, palaces, and pyramids. In Uxmal, Yucatan, there are the ruins of the "Dwarf's House," the hero of this legend, and the "Old Woman's House," his mother.

El enano de Uxmal

Por más de dos mil años los indios mayas han vivido en El Salvador, Honduras, Guatemala y el sureste de México. Tenían una cultura muy avanzada. Hoy día se pueden ver las ruinas de sus magníficos templos, palacios y pirámides. En Uxmal, Yucatán, están las ruinas de la «Casa del Enano», héroe de esta leyenda, y la «Casa de la Vieja», su madre.

In the tenth century, an old witch lived in the woods near the town of Uxmal. One dark, very windy night, the witch flew to the cave of the three wise old men and said to them, "Since I live alone with my owl and my black cat, I am very sad. Please give me a son as a companion."

The oldest wise man took a large egg out of a basket. The three men, their hands placed over the egg, said some magic words. Then they gave it to the witch.

"Here's a magic egg," the oldest wise man said. "When you get home, you must wrap it in a towel and put it near the fireplace."

"Thank you very much, wise friends," said the witch, and she took the egg and flew to her hut.

Time passed and one fine day a beautiful little boy came out of the egg. He could already walk and talk. When he was three years old, he stopped growing. He was a dwarf, but he was so wise and intelligent that he was the object of admiration of the witch and all the people.

The dwarf noticed that the witch kept guard over the fireplace day and night. Since he was very curious, he wanted to know what was hidden there.

The next day, when the witch went to draw water from the well, the dwarf discovered two things underneath the grey stones of the fireplace. They were a small bell and a little rod.

"Let's hear the sound of the little bell," the dwarf said to the owl and the cat.

After saying these words, he rang the little bell with the rod.

There was a terrible sound, like thunder. Everybody heard it and was afraid, especially the old king. Everyone knew that, according to an old prophecy, the one who rang the little bell was going to be the next king of Uxmal.

The dwarf put the bell and rod underneath the stones again and sat down on a chair with his eyes closed.

En el siglo X, una vieja bruja vivía en un bosque cerca del pueblo de Uxmal. Una noche oscura cuando hacía mucho viento, la bruja voló a la cueva de los tres viejos sabios y les dijo:

—Como vivo sola con mi lechuza y mi gato negro, estoy muy triste. Por favor, denme a un hijo como compañero.

El sabio más viejo sacó un huevo grande de un cesto. Los tres hombres, con las manos sobre el huevo, dijeron palabras mágicas. Entonces se lo dieron a la bruja.

—Aquí tiene usted un huevo mágico— dijo el sabio más viejo. —Cuando llegues a casa, tienes que envolverlo en una toalla y ponerlo cerca del fogón.

—Muchas gracias, amigos sabios— dijo la bruja. Tomó el huevo y voló a su cabaña.

Pasó el tiempo y un buen día salió del huevo un niño hermoso que podía andar y hablar. A la edad de tres años dejó de crecer. Era un enano, pero era tan sabio e inteligente que causaba la admiración de la bruja y de toda la gente.

El enano observó que la bruja guardaba el fogón de día y de noche. Como era curioso, quería saber lo que allí estaba escondido.

Al día siguiente, cuando la bruja fue a traer agua del pozo, el enano descubrió dos cosas debajo de las piedras grises del fogón. Eran un címbalo y una varita.

—Vamos a escuchar el sonido del címbalo— dijo el enano a la lechuza y el gato.

Con estas palabras, él golpeó el címbalo con la varita.

Hubo un sonido terrible como el trueno. Toda la gente lo oyó y tenía miedo, especialmente el viejo rey. Todos sabían que, según una vieja profecía, el que sonara el címbalo iba a ser el próximo rey de Uxmal.

El enano puso el címbalo y la varita debajo de las piedras y se sentó en una silla con los ojos cerrados.

The witch ran rapidly to the hut and said to the dwarf, "What are you doing, child?"

"Nothing, mother. I am sleeping."

The witch knew the truth, but she didn't ask any more questions. She also knew that the king's servants were going to arrive soon to take her son before the monarch. And that is exactly what happened.

The old king was seated in his garden underneath a large tree. Since he didn't want to give up his kingdom to a dwarf, he said, "In order to be king you have to pass three difficult tests. Do you want to try to pass them?"

"Yes, your Majesty," the dwarf answered without fear.

"This is the first one: How much fruit is in that large tree over there?"

Without looking at the tree the dwarf answered, "There are ten times one hundred thousand and two times sixty-three times three. If you don't believe me, you can climb the tree and count them one by one."

The king and his servants thought that the dwarf was very stupid, but at that moment an owl flew from the tree and said, "The dwarf is telling the truth."

The next day the dwarf had the second test. In front of the entire town, an official broke a basket full of hard coconuts, one by one, over the head of the dwarf. Since the witch had placed a piece of magic stone underneath the hair of the dwarf, he didn't feel a thing.

"You have been successful in this test," the king said. "Tomorrow you will have the third test. If you wish, you may spend the night in my palace."

"No, thanks. I prefer to sleep in my own palace," the dwarf answered.

The following morning, everyone was astonished to see a great stone palace near the old king's palace. And out of this stone palace came the dwarf with his servants.

When the dwarf was standing before the old king, who was very nervous, the king said, "Today is the third test. If

La bruja corrió rápidamente a su cabaña y le dijo al enano:

—¿Qué haces, niño?

—No hago nada, madre. Estoy durmiendo.

La bruja sabía la verdad, pero no preguntó más. Sabía también que los criados del rey iban a venir pronto para llevar a su hijo delante del monarca. Y eso es lo que pasó.

El viejo rey estaba sentado en su jardín debajo de un árbol grande. Como no quería dar su reino a un enano, él dijo:

—Para ser rey, tú tienes que pasar tres pruebas difíciles. ¿Quieres tratar de pasarlas?

—Sí, su majestad— respondió el enano sin miedo.

—Aquí tienes la primera: ¿Cuánta fruta hay en este árbol grande?

Sin mirar el árbol, el enano respondió: —Son diez veces cien mil y dos veces sesenta y tres veces tres. Si no me cree, puede subir al árbol y contarlas una por una.

El rey y los criados creyeron que el enano era muy estúpido, pero en ese momento una lechuza voló del árbol y dijo:

—El enano dijo la verdad.

Al día siguiente el enano tuvo la segunda prueba. Delante de todo el pueblo un oficial rompió, uno por uno, un cesto de cocos duros en la cabeza del enano. Como la bruja había puesto un pedazo de piedra mágica debajo de los cabellos, el enano no sintió nada.

—Tú has salido victorioso en esta prueba— dijo el rey. —Mañana tienes la tercera prueba. Si tú quieres, puedes pasar la noche en mi palacio.

—No, gracias. Prefiero dormir en mi propio palacio— respondió el enano.

A la mañana siguiente, todos estaban asombrados de ver un gran palacio de piedra cerca del palacio del viejo rey. Y de este palacio salió el enano con sus criados.

Cuando el enano estuvo en presencia del viejo rey, que estaba muy nervioso, éste dijo:

you can pass it, you shall be the king of Uxmal. Now you and I are going to make statues of ourselves and place them in the fire. The statue that does not burn will represent the next king."

The old king made three statues out of different kinds of wood and all of them were burned in the fire. But the dwarf's statue, made out of clay, came out fine.

So the dwarf became king of Uxmal, and everyone, except the old king, was very happy.

The witch was also happy because her son was the king. The king's mother deserved to have a palace too. So the dwarf had a palace built for her next to his.

—Hoy es la tercera prueba. Si puedes pasarla, vas a ser el rey de Uxmal. Ahora tú y yo vamos a hacer estatuas a nuestra imagen y ponerlas en el fuego. La estatua que no se queme va a representar el próximo rey.

El viejo rey hizo tres estatuas de diferentes clases de madera y todas se quemaron en el fuego. Pero la estatua del enano, hecha de barro, salió bien.

Así el enano llegó a ser rey de Uxmal y todos estaban muy alegres menos el viejo rey.

La bruja también estaba contenta porque ahora su hijo era el rey. La madre de un rey merecía tener un palacio también; así el enano mandó hacer un palacio para ella al lado del suyo.

A Bed of Roses

At the time that Cortez reached Mexico, the emperor Montezuma was reigning. At his death, Cuauhtemoc succeeded him. This name means "Falling Eagle." Besides being emperor, he was commander-in-chief of the armies. Bernal Díaz del Castillo, a famous Spanish historian of that time, said of Cuauhtemoc: "He was a very genteel and brave man." The Mexican people love and deeply admire this great figure of their illustrious history.

Un lecho de rosas

Cuando Hernán Cortés llegó a México, reinaba el emperador Moctezuma. A la muerte de éste, lo siguió Cuauhtémoc. Su nombre quiere decir «Águila que cae». Además de ser emperador, era comandante en jefe de los ejércitos. Bernal Díaz del Castillo, famoso historiador español de aquel tiempo, dijo de Cuauhtémoc, «Era bien gentil hombre y muy valiente». El pueblo mexicano ama y admira profundamente a esta gran figura de su ilustre historia.

After the wars of conquest in Mexico, Hernán Cortez tried to live in peace with the Indians. Cuauhtemoc was captured along with other Aztec nobles, among them the king of Tacuba.[1] Cuauhtemoc no longer wanted to live, but Cortez did not kill him. The emperor and the king of Tacuba were treated as guests in Cortez' palace.

Meanwhile, Cortez' soldiers went looking for gold. They thought there was a great amount, and weren't going to be satisfied with just a little.

"These Indians are rich. They all wear gold necklaces," the soldiers said.

"And what about the great treasure of the emperor Montezuma," others commented.

"They say that it is at the bottom of the lake," other soldiers said.

These soldiers went in canoes to look for the treasure at the bottom of the lake. Day after day they looked for it, but they found very little, just a few gold beads and other things of little value.

Tired and discouraged, they returned to Cortez' palace. They believed that Cuauhtemoc knew where there was a great treasure with a lot of gold. He was the natural heir to Montezuma's possessions. They wanted to torture Cuauhtemoc.

"If he suffers a little, he'll tell us where the treasure is."

"Yes," others said, "we should ask Cortez' permission to torture him."

They went to speak to Cortez. They were all crazy about finding gold. When Cortez didn't give them permission, they thought that there had been an agreement between Cuauhtemoc and Cortez, and that Cortez didn't want to give the soldiers any part of the treasure.

---

[1]Region near Mexico City.

Después de las guerras de conquista de México, Hernán Cortés trató de vivir en paz con los indios. Cuauhtémoc fue capturado con otros nobles aztecas, entre ellos el rey de Tacuba.[1] Cuauhtémoc no quería vivir más, pero Cortés no lo mató. El emperador y el rey de Tacuba fueron tratados como invitados en el palacio de Cortés.

Mientras tanto, los soldados de Cortés iban en busca de oro. Ellos creían que había mucho y no iban a estar satisfechos con poco.

—Estos indios son ricos. Todos llevan collares de oro— dijeron los soldados.

—¿Y el gran tesoro del emperador Moctezuma?— preguntaron otros.

—Dicen que está en el fondo del lago— dijeron otros soldados.

Estos soldados fueron en canoas a buscar el tesoro en el fondo del lago. Día tras día lo buscaron, pero encontraron muy poco—solamente unas cuentas de oro y otras cosas de poco valor.

Cansados y desanimados, volvieron al palacio de Cortés. Ellos creían que Cuauhtémoc sabía dónde había un tesoro muy grande, un tesoro con mucho oro. Él era el heredero natural de las posesiones de Moctezuma. Ellos querían torturar a Cuauhtémoc.

—Si sufre un poco, él nos va a decir dónde está el tesoro.

—Sí— dijeron otros —debemos pedir permiso a Cortés para torturarlo.

Ellos fueron a hablar con Cortés. Todos estaban locos por el oro. Cuando Cortés no les dio permiso, ellos creyeron que había un pacto entre Cortés y Cuauhtémoc y que Cortés no quería darles a los soldados nada del tesoro.

---

[1]Región cerca de la Ciudad de México.

This was not true, but in order to satisfy the soldiers, Cortez gave his permission to torture Cuauhtemoc and the king of Tacuba.

They tied the two Indians by their hands and feet, and placed them on low benches. Under their feet, they lit a fire. The flames reached their feet.

The Spanish soldiers asked them, "Where is Montezuma's treasure?"

Neither answered, although they suffered greatly.

The soldiers made the fire bigger.

"Now," the Spaniards asked, "where is the treasure?"

Neither answered anything. They didn't show that they were suffering.

The king of Tacuba, whose face was pale, looked at Cuauhtemoc and said, "Cuauhtemoc, my emperor, the pain is very great."

And Cuauhtemoc answered the king of Tacuba, "By chance, am I in a bed of roses?"

Cortez ordered the torture to stop. The two Indians never said where the treasure was.

Even today, no one knows if Montezuma's treasure exists or not, but everyone remembers Cuauhtemoc's words.

Esto no era verdad, pero para satisfacer a los soldados, Cortés dio su permiso de torturar a Cuauhtémoc y al rey de Tacuba.

Ataron a los dos indios, de manos y pies y los pusieron en unos bancos bajos. Debajo de sus pies encendieron fuego. Las llamas tocaron los pies.

Los soldados españoles les preguntaron: —¿Dónde está el tesoro de Moctezuma?

Los dos no contestaron, pero sufrieron mucho.

Los soldados pusieron más fuego.

—Ahora— preguntaron los españoles —¿dónde está el tesoro?

Los dos no contestaron nada. No demostraron que sufrían.

El rey de Tacuba miró a Cuauhtémoc con cara pálida, y dijo:

—Cuauhtémoc, mi emperador, es mucho el dolor.

Y Cuauhtémoc respondió al rey de Tacuba:

—¿Estoy yo por ventura en un lecho de rosas?

Cortés mandó parar la tortura. Los dos indios nunca dijeron dónde estaba el tesoro.

Hasta hoy día nadie sabe si existe o no el famoso tesoro de Moctezuma, pero todos recordamos las palabras de Cuauhtémoc.

7

Atzimba, the Princess

It is interesting to note that this legend is similar to the story of the Sleeping Beauty, well known to many people.

The problem of the arrival of the Spaniards to the New World is evident in this legend, but as you will see, love conquers all.

Atzimba, la princesa

Es interesante notar que esta leyenda es semejante a la de la Bella Durmiente, bien conocida por mucha gente.

El problema de la venida de los españoles al Nuevo Mundo es evidente en esta leyenda; pero, como verán ustedes, el amor lo vence todo.

I n all the region, there was not a more beautiful princess than Atzimba. Everyone talked about her black hair and dark skin. In addition to this, she was charming and always helped the sick and the poor.

But, unfortunately, she became ill. And it was a serious illness. Her grandfather, Aguanga, called for all the doctors and all the wise men in the province. They could not determine why she was ill.

"I don't know what to do," one of the honored doctors said.

"We are doing everything possible for Atzimba, but she is not getting better," the wise men said.

"What are we going to do? She is very pale and it looks like she is going to die if we can't cure her," another doctor said.

They decided to take her to the beach where she would be able to rest and recover her health.

She spent a long time there, but she did not get any better. On the contrary, she became more pale and weaker.

One day, when she was resting on the beach, a group of Spanish soldiers on horseback passed near where she was. (In those days there was peace between the Indians and the Spaniards, but the Indians were not happy with the presence of the Spaniards in their land and they looked for ways of getting rid of them.)

Atzimba saw one of the soldiers of the group. He was the most handsome. She fell in love with him and fainted. The soldier was Captain Villadiego of Cortez' troops.

Quickly, those who were caring for the princess took her to her bed and called for the doctors. The doctors could not awaken her. She could not open her eyes.

Two days later, the Captain returned and passed by the window of the princess' house. He saw her. She was asleep, he thought. He could not resist the temptation, so he en-

En toda la región no había princesa más bella que Atzimba. Todo el mundo hablaba de su pelo negro y de su tez morena. Además, era graciosa y siempre ayudaba a los enfermos y a los pobres.

Pero desafortunadamente ella se enfermó. Y era una enfermedad grave. Su abuelo, Aguanga, llamó a todos los médicos y a todos los sabios de la provincia. Ellos no pudieron hallar por qué ella estaba enferma.

—Yo no sé qué hacer— dijo uno de los médicos.

—Estamos haciendo todo lo posible por Atzimba, pero ella no está mejor— dijeron los sabios.

—¿Qué vamos a hacer? Ella está muy pálida y va a morir si no podemos curarla— dijo otro médico.

Decidieron llevarla a la playa donde ella podría descansar y recobrar su salud.

Ella pasó mucho tiempo allí, pero no mejoraba. Al contrario, estaba más pálida y más débil.

Un día cuando ella estaba descansando en la playa, pasó un grupo de soldados españoles a caballo cerca de donde estaba ella. (En estos días había paz entre los indios y los españoles, pero los indios no estaban contentos con la presencia de los españoles en su tierra y buscaban cómo echarlos.)

Atzimba vio a uno de los soldados del grupo. Él era el más guapo. Ella se enamoró de él y se desmayó. El soldado era el capitán Villadiego de las tropas de Cortés.

Pronto, los que cuidaban de la princesa la llevaron a su cama y llamaron a los médicos. Los médicos no pudieron despertarla. Ella no pudo abrir los ojos.

El capitán, después de dos días, regresó y pasó por la ventana de la casa de la princesa. Él la vio. Ella estaba dormida, creyó él. Él no pudo resistir la tentación. Él entró

tered the house. No one was there. He approached the bed but Atzimba did not move. He kissed her and she opened her eyes and said, "Who are you?"

"I am Captain Villadiego."

Instantly, they fell in love.

She recovered her health miraculously and they both decided to go to talk to Aguanga, the princess' grandfather.

"We wish to be married," Captain Villadiego said to Aguanga.

"We cannot permit it," Aguanga answered. "You are Spanish."

"But I love her," Villadiego said.

"You are not a prince," Aguanga answered.

Atzimba begged her grandfather and said, "I love him and I want to marry him. He loves me and he wants to marry me. I owe him my life. I owe him my health."

"There will be problems if you marry him," explained Aguanga sadly.

When Aguanga saw that the two were not going to change their minds, he said, "Go, go far away from us."

A group of Indians took Captain Villadiego and Atzimba out of the town. They went far, very far away, and reached strange lands. The Indians put both of them in a cave and covered the entrance with huge rocks.

Captain Villadiego and Atzimba could not get out. The Indians returned to Aguanga and said to him, "Atzimba and the Captain will never return."

Aguanga was very sad, but the Indians had the custom of exiling those who did not obey the tribal laws.

Years afterward, some Spanish soldiers who were passing by the cave uncovered the entrance. They saw two skeletons embracing each other.

en la casa. No había nadie. Él se acercó a la cama. Atzimba no se movió. Él la besó y ella abrió los ojos y dijo:

—¿Quién eres tú?

—Yo soy el capitán Villadiego.

Al instante se enamoraron.

Ella recobró la salud milagrosamente y los dos decidieron ir a hablar con Aguanga, el abuelo de la princesa.

—Queremos casarnos— dijo el capitán Villadiego a Aguanga.

—No podemos permitirlo— contestó Aguanga. —Usted es español.

—Pero la quiero— dijo Villadiego.

—Usted no es príncipe— contestó Aguanga.

Atzimba rogó a su abuelo y dijo:

—Yo lo quiero y quiero casarme con él. Él me quiere y quiere casarse conmigo. Yo le debo mi vida. Yo le debo mi salud.

—Habrá problemas si te casas con él— explicó Aguanga tristemente.

Cuando Aguanga vio que los dos no cambiaban de decisión, él dijo:

—Váyanse lejos de nosotros.

Un grupo de indios llevó al capitán Villadiego y a Atzimba del pueblo. Se fueron lejos, muy lejos, y llegaron a tierras desconocidas. Los indios pusieron a los dos en una cueva y cubrieron la entrada con rocas grandes.

El capitán Villadiego y Atzimba no pudieron salir. Los indios volvieron a Aguanga y le dijeron:

—Atzimba y el capitán no volverán nunca.— Aguanga estaba muy triste, pero los indios tenían la costumbre de desterrar a los que no obedecían las leyes de la tribu.

Años después, unos españoles pasando por la cueva descubrieron la entrada. Vieron a dos esqueletos abrazados.

8

The Virgin of Guadalupe

The patron saint of Mexico is the Virgin of Guadalupe. Her feast day is December 12. On that day, the people from all parts of Mexico visit her Basilica in the town of Guadalupe, four miles from Mexico City. Since 1910, the Virgin is also the patron saint of other Spanish American countries.

La Virgen de Guadalupe

La santa patrona de México es la Virgen de Guadalupe. Su día de fiesta es el doce de diciembre. En ese día, la gente de todas partes de la república visita su Basílica en el pueblo de Guadalupe, a cuatro millas de la capital de México. Desde 1910 la Virgen es también la patrona de los otros países hispanoamericanos.

In December of 1531, Juan Diego, a poor Indian, was heading toward the city to attend mass. Suddenly, on the hill of Tepeyac, he heard divine music and he smelled a most fragrant perfume. Then, in a cloud of light, he saw a woman standing in the pathway in front of him. She was a beautiful lady, dark like a Mexican woman, with an angelic expression.

Juan was afraid. He didn't know what to do or what to say.

"Don't be afraid. I am the Virgin Mary," the woman said in a sweet voice. "I have come to ask for your help, Juan."

"I am a poor and humble Indian. How can I help the Holy Mother?" Juan answered.

"It is very easy. Go tell the Bishop to build me a church here," the Virgin said.

So the Indian quickly went to the Bishop. He told him about the Virgin and what she wanted. But the Bishop did not believe such a fantastic story.

"Impossible!" the good man answered. "I need proof of this."

Very sad and confused, Juan returned home. But once again, on the hill of Tepeyac, he saw the Virgin and he told her that the Bishop wanted proof.

"Very well, tomorrow at this very spot I'm going to give you the proof that the Bishop wants," the Virgin said.

When Juan arrived at his house, he found out that his uncle was very sick and wanted the blessing of the local priest before dying.

The next morning, Juan went to get the priest. Once again, he saw the Virgin in the same place.

"Where are you going, Juan?" the Virgin asked.

"Oh, Holy Mother, I'm going to the priest's house. My uncle is very sick and he wants his blessing."

"From this moment on, your uncle is in perfect health," the Virgin answered. "And now, Juan, gather up the roses that are growing at your feet and take them to the Bishop. Tell him that the Virgin of Guadalupe is going to take care of the Indians of Mexico forever."

En diciembre del año 1531, Juan Diego, un indio pobre, caminaba hacia la ciudad para oír misa. De repente, en la colina de Tepeyac, oyó música divina y olió el perfume más fragante. Luego en una nube de luz, él vio a una mujer que estaba parada en el sendero delante de él. Era una señora hermosa, morena como una mujer mexicana, de expresión angelical.

Juan tenía miedo. No sabía qué hacer ni qué decir.

—No tengas miedo. Soy la Virgen María— dijo la mujer en voz dulce. —Vengo para pedir tu ayuda, Juan.

—Soy un indio pobre y humilde. ¿Cómo puedo ayudar a la Santa Madre?— respondió Juan.

—Es muy fácil. Ve y dile al obispo que me edifique una iglesia aquí— dijo la Virgen.

Así el indio fue rápidamente al obispo. Le contó acerca de la Virgen y lo que ella deseaba. Pero el obispo no creyó un cuento tan fantástico.

—¡Imposible!— contestó el buen hombre. —Necesito prueba de esto.

Juan, muy triste y confundido, volvió a su casa. Pero otra vez en la colina de Tepeyac, vio a la Virgen y le dijo que el obispo deseaba una prueba.

—Muy bien, mañana en este sitio voy a darte la prueba para el obispo— dijo la Virgen.

Cuando Juan llegó a su casa, supo que su tío estaba muy enfermo y deseaba la bendición del cura antes de morirse.

A la mañana siguiente Juan fue a llamar al cura. Otra vez, en el mismo sitio, Juan vio a la Virgen.

—¿Adónde vas, Juan?— preguntó la Virgen.

—Oh, Santa Madre, voy a la casa del cura. Mi tío está muy enfermo y desea su bendición.

—Desde este momento tu tío está perfectamente bien— respondió la Virgen. —Y ahora, Juan, coge las rosas que crecen a tus pies y llévalas al obispo. Dile que la Virgen de Guadalupe va a cuidar para siempre a los indios de México.

You can imagine Juan's surprise when the Virgin spoke of roses because only cactus grew in that area. But when he looked at his feet, he saw the most beautiful and fragrant roses. He picked up a bunch and put them in his blanket. Then he ran to the Bishop's house.

"Now I bring you some proof," Juan said.

When he opened the blanket, the roses fell to the floor. But now, there was another surprise. There on the blanket, in very beautiful colors, was painted the portrait of the Virgin. Now the Bishop didn't need further proof.

On the hill, in the same spot where Juan gathered the roses on December 12, 1531, there is a small chapel. And at the foot of the hill, there is a very large and beautiful church, the Basilica of the Virgin of Guadalupe. Above the altar, in full view, is Juan Diego's blanket with the portrait of the Holy Virgin.

Puedes imaginarte la sorpresa de Juan cuando la Virgen habló de rosas porque sólo había cactos en esa región. Pero cuando miró a los pies, vio las rosas más bonitas y fragantes. El indio cogió un ramo que puso en su tilma. Entonces corrió a la casa del obispo.

—Ahora le traigo prueba— dijo Juan.

Cuando abrió la tilma, las rosas cayeron al suelo. Pero ahora había otra sorpresa. Allí en la tilma, en colores muy bonitos, estaba pintado el retrato de la Virgen. Ahora el obispo no necesitaba más prueba.

En la colina, en el mismo sitio donde Juan cogió las rosas el doce de diciembre del año 1531, hay una pequeña capilla. Y al pie de la colina hay una iglesia grande y hermosa, la Basílica de la Virgen de Guadalupe. Por encima del altar, a plena vista de todos, está la tilma de Juan Diego con el retrato de la Santa Virgen.

The "China Poblana"[1]

In the year 1520, the explorer Ferdinand Magellan discovered the islands that he named the Philippines in honor of Phillip II, King of Spain.

During the next three centuries, there was a great deal of trade between Mexico, the Philippines, China, and India. The ships that left Acapulco[2] for these countries carried gold, silver, blankets, and cocoa. After a long and difficult voyage, the ships would return to the same port. They would bring back cargo from the orient—perfumes, silk, lace, porcelain, and spices—for the Mexican people. This is a legend about an Indian princess and her arrival in Mexico.

La china poblana[1]

En el año 1520, el navegante Fernando de Magallanes descubrió las islas que él nombró las Filipinas en honor de Felipe II, rey de España.

Durante los próximos tres siglos hubo mucho comercio entre México y las Filipinas, la China y la India. Los barcos que salían de Acapulco[2] para esos países llevaban oro, plata, mantas y cacao. Después de un largo y difícil viaje, los barcos volvían al mismo puerto. Ahora llevaban cargas del Oriente—perfumes, sedas, encajes, porcelanas y especias—para la gente mexicana. Esta leyenda nos cuenta de una princesa india y de su llegada a México.

---

[1]Refers to a person from the Mexican town of Puebla.
 Se refiere a una persona de la ciudad mexicana de Puebla.
[2]Port on the Pacific coast of Mexico.
 Puerto en la costa pacífica de México.

On the coast of India there lived a beautiful Indian princess with her family. One day, she and her servant went to the port to watch the great ships as well as the little ones that would leave for all parts of the world. In one of the ships there were some evil men who claimed to be merchants, but they really weren't. They were fierce Chinese pirates.

When the pirates saw the ten-year-old princess with her elegant dress and her beautiful jewels, they said to one another:

"Let's kidnap the girl and take her to Manila in the Philippines. There, we can sell her for a very good price." And that is exactly what they did.

Fortunately in Manila, a good man, a captain of a Spanish ship that was taking merchandise to Acapulco, bought the princess. And, since it was Saint Catherine's Day, he named her Catherine.

Catherine was happy with her new master, but the trip to Acapulco took many months. Poor Catherine was tired and sad because she didn't know what was going to happen to her in Acapulco.

Many merchants from all parts of Mexico came on board. They all wanted to buy the merchandise. Among these merchants, there was one from Puebla. While he was visiting with the captain, he noticed the beautiful girl seated on a sack of merchandise. She had dark, flashing eyes.

"Who is that beautiful girl?" the merchant from Puebla asked the captain.

"I think she is a Chinese princess, although I bought her in Manila. Do you want to buy her?"

"Yes, I should like to very much. My wife and I don't have any children. Now, thanks to you, we're going to have a daughter," the merchant answered.

So Catherine was taken to Puebla where she lived happily with the good merchant and his kind wife. Her adoptive

En la costa de la India vivía una princesa hermosa con su familia. Un día, ella y su criada fueron al puerto para ver los barcos grandes y pequeños que salían para otras partes del mundo. En uno de los barcos había hombres malos que decían ser comerciantes, pero no era verdad. Eran feroces piratas chinos.

Cuando los piratas vieron a la princesa de diez años con su vestido elegante y sus hermosas joyas, dijeron los unos a los otros:

—Vamos a raptar a la niña y llevarla a Manila en las Filipinas. Allí podemos venderla a un precio muy bueno.

Y eso fue lo que hicieron.

Afortunadamente, en Manila un buen hombre, el capitán de un barco español que iba con mercancías a Acapulco, compró a la princesa. Y como era el día de Santa Catalina, le dio el nombre de Catalina a la muchacha.

Catalina estaba contenta con su nuevo amo, pero el viaje a Acapulco era de muchos meses. La pobre Catalina estaba cansada y triste porque ella no sabía lo que le iba a pasar en Acapulco.

Muchos comerciantes de todas partes de México subieron al barco. Todos querían comprar las mercancías. Entre ellos, había uno de Puebla. Mientras visitaba al capitán, observó a la niña hermosa sentada en un saco de mercancías. Sus ojos eran negros y muy vivos.

—¿Quién es esa niña preciosa?— preguntó el poblano al capitán.

—Creo que es una princesa de China aunque la compré en Manila. ¿No quiere usted comprarla?

—Sí, con mucho gusto. Mi esposa y yo no tenemos hijos. Ahora, gracias a usted, vamos a tener una hija— respondió el poblano.

Así Catalina fue llevada a Puebla donde vivía felizmente con el buen comerciante y su amable esposa. Sus padres

parents as well as the people of Puebla loved the princess, who was very good and kind, especially to the sick and the poor. Everyone affectionately called her "china poblana" (Chinese girl of Puebla).

Like all princesses, she liked beautiful clothes and elegant jewels. She always wore brilliantly colored skirts and blouses with embroidered flowers.

When Catherine died in 1688, the women of the town, in order to honor her memory, wanted to dress like her. And, of course, that kind of dress was called "china poblana."

Today, Mexican women wear this kind of dress on holidays. It consists of a richly embroidered red and green skirt. The white blouse is embroidered with many-colored flowers. This costume is worn in many typical dances of Mexico, like the "jarabe tapatío." When a Mexican woman is dressed in this way, she is called "china poblana."

Customs have very strange origins, don't they?

adoptivos y también la gente de Puebla amaban a la princesa que era tan buena y simpática, especialmente con los pobres y los enfermos. Todos la llamaban con cariño la «china poblana».

Como a toda princesa, le gustaban mucho la ropa bonita y las joyas elegantes. Siempre llevaba faldas de colores brillantes y blusas bordadas con flores.

Cuando Catalina murió, en el año 1688, las mujeres del pueblo, para honrar su memoria, querían vestirse como ella. Y por supuesto, el nombre del vestido era «china poblana».

Hoy día las mexicanas llevan este tipo de vestido en los días de fiesta. Consiste en una falda roja y verde, ricamente decorada. La blusa blanca es bordada con flores de muchos colores. Este traje se lleva en muchos bailes típicos de México, como el «Jarabe Tapatío». Vestida de esta manera, la mexicana se llama la «china poblana».

Las costumbres tienen orígenes muy extraños, ¿verdad?

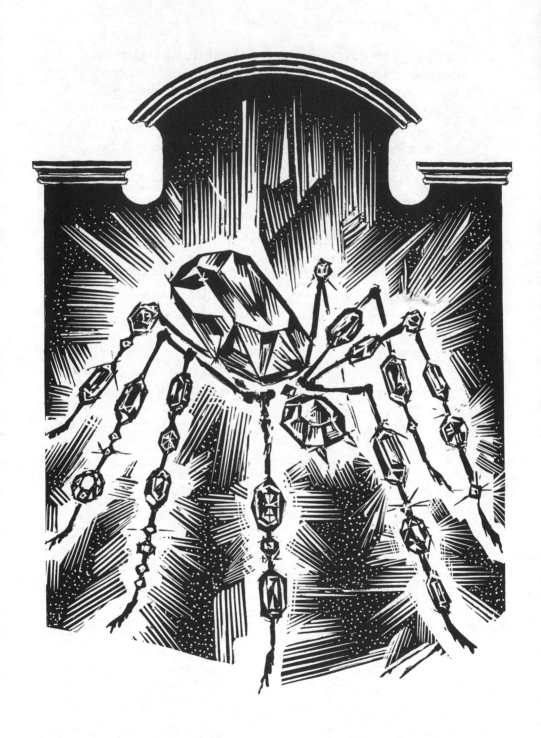

10

The Friar and the Scorpion

During the colonial period (1521–1821), Mexico had business dealings with the other Spanish colonies and also with China. But there was always great danger for the sailors and the ships. There were storms at sea and pirates, and there were savage Indians in the New World. Therefore, many ships, sailors, and travelers never arrived at their destinations.

El fraile y el alacrán

Durante la época colonial (1521–1821), México comerciaba con las otras colonias españolas y también con la China. Pero siempre había muchos peligros para los marineros y los barcos. En el mar había tempestades y piratas; en el Nuevo Mundo había indios salvajes. Así, muchos barcos, marineros y viajeros nunca llegaron a su destino.

I n the XVII century, there were many wealthy merchants in the Mexican capital. One of them was don[1]
Lorenzo.

Don Lorenzo was highly esteemed by everyone. He was
humble, hard working, and generous. He believed that if he
worked long hours, God would give him a fortune. In this
way, he would be able to help the poor and the sick. And
this is exactly what happened.

One morning, a sailor visited don Lorenzo in the modest
house where he lived with his wife and his sixteen-year-old
son.

"I bring you bad news," the sailor said. "During a terrible
storm in Manila, your ship sank with all of its cargo."

"And all the sailors?" don Lorenzo asked anxiously.

"They are all safe and sound," the sailor told don Lorenzo.

"Thank God," don Lorenzo said. "The life of each sailor
is more important to me than the ship and its cargo that are
worth thousands of pesos."

Up until now everything had gone well for don Lorenzo.
For this reason, he wasn't prepared for the following month's
disasters when two of his ships, with their crews and cargoes,
were lost.

For many days don Lorenzo, sad and confused, didn't
know what to do. Then one day he said to his wife, "This
morning a sailor told me that with five hundred pesos I can
buy a cargo of silk and porcelain from China that will arrive
tomorrow in the Port of Acapulco. With this merchandise, I
can begin to make a fortune again. But where are the five
hundred pesos? I only have ten."

"You have many friends. They can lend you the money,"
his wife said.

---

[1]A title used before the first name of a Spanish nobleman or gentleman.

En el siglo XVII había muchos comerciantes ricos en la capital de México. Uno de ellos se llamaba don[1] Lorenzo.

Don Lorenzo era estimado por todos. Era humilde, industrioso y generoso. Él creía que si trabajaba horas largas, Dios iba a darle una fortuna. Así él podía ayudar a los pobres y enfermos. Y eso fue lo que pasó.

Una mañana un marinero visitó a don Lorenzo en la casa modesta donde vivía con su esposa y su hijo de dieciséis años.

—Le traigo malas noticias— dijo el marinero. —Durante una tempestad terrible en Manila, su barco se hundió con toda su carga.

—¿Y todos los marineros?— preguntó don Lorenzo ansiosamente.

—Todos están sanos y salvos— dijo el marinero a don Lorenzo.

—Gracias a Dios— dijo don Lorenzo. —La vida de cada marinero es más importante que el barco y su carga que valen miles de pesos.

Hasta ahora todo había salido bien para don Lorenzo. Por eso, no estaba preparado para los desastres del mes siguiente cuando dos barcos con sus marineros y sus cargas se perdieron.

Por muchos días don Lorenzo, triste y confundido, no supo qué hacer. Entonces un día le dijo a su esposa:

—Esta mañana un marinero me dijo que con quinientos pesos puedo comprar una carga de sedas y de porcelanas chinas que llegan mañana al puerto de Acapulco. Con estas mercancías puedo comenzar a hacer una fortuna otra vez. Pero, ¿dónde están los quinientos pesos? No tengo más que diez.

—Tienes muchos amigos. Ellos pueden prestarte el dinero— dijo la esposa.

---

[1]Título que precede al nombre de un noble o caballero español.

So don Lorenzo visited his friends, but no one wanted to help him. Then he remembered Friar Anselmo. He always helped the poor.

Don Lorenzo quickly walked to the monastery and spoke with the saintly man in his small cell.

"Oh, my friend, I am poor! I don't have five hundred pesos," the friar said.

"But what am I going to do?" don Lorenzo asked sadly.

At that moment, a scorpion began to crawl up the wall. Fray Anselmo caught it and put it in a piece of cloth.

"Here it is, my friend. Take it to the pawnbroker next to the cathedral. He will give you the money for your business," the friar said.

"Many thanks, friar Anselmo, you are very kind. Goodbye," don Lorenzo said. But he thought that a scorpion would not bring a very good price.

When don Lorenzo arrived at his destination, he gave the cloth with the scorpion to the pawnbroker.

There were a few moments of silence. Don Lorenzo was a bit nervous. He thought that the pawnbroker was going to laugh at him.

"How wonderful!" the pawnbroker exclaimed.

Don Lorenzo looked at the scorpion. It was now a gold jewel, with shining diamonds, rubies, and emeralds.

"I'll give you three thousand pesos, sir. Is that all right?" the pawnbroker asked.

"Yes, yes, that's fine," don Lorenzo replied in a weak voice. He was so surprised that it was difficult for him to answer the pawnbroker.

After returning to his house to tell his wife the good news about the money, don Lorenzo went to Acapulco where he bought the cargo of silk and porcelain. He immediately returned to Mexico City where he sold everything at a very good price. And from that time on his business was very prosperous.

Así, don Lorenzo visitó a sus amigos, pero nadie quiso ayudarlo. Entonces recordó al fray Anselmo. Él siempre ayudaba a los pobres.

Don Lorenzo caminó pronto al monasterio y habló con el santo hombre en su celda pequeña.

—¡Ay, amigo, soy pobre! No tengo quinientos pesos— dijo el fraile.

—Pero, ¿qué voy a hacer?— preguntó tristemente don Lorenzo.

En este momento un alacrán empezó a subir por la pared. Fray Anselmo lo agarró y lo puso en un pedazo de tela.

—Aquí está, amigo. Llévelo al prestamista al lado de la catedral. Él le dará dinero para sus negocios— dijo el fraile.

—Mil gracias, fray Anselmo, usted es muy amable. Adiós— dijo don Lorenzo, pero él pensaba que un alacrán no tenía mucho valor.

Cuando don Lorenzo llegó a su destino, le dio la tela con el alacrán al prestamista.

Hubo unos momentos de silencio. Don Lorenzo estaba muy nervioso. Creía que el prestamista iba a reírse de él.

—¡Qué maravilla!— exclamó el prestamista.

Don Lorenzo miró el alacrán. Ahora era una joya de oro con diamantes, rubíes y esmeraldas brillantes.

—Le daré tres mil pesos, señor. ¿Está bien?— preguntó el prestamista.

—Sí, sí, está bien— respondió don Lorenzo con voz débil. Estaba tan sorprendido que le era difícil contestar al prestamista.

Después de volver a casa para decirle a su esposa las buenas noticias acerca del dinero, don Lorenzo fue a Acapulco donde compró la carga de sedas y porcelanas. Volvió inmediatamente a la capital de México donde vendió todas a un precio alto. Y desde aquel momento todos sus negocios fueron prósperos.

The day came when don Lorenzo wanted to return the scorpion to the friar. He went to the pawnbroker, paid the necessary money, and with the scorpion wrapped up in a piece of cloth he went to the monastery.

"Everything is fine, isn't it?" the friar asked don Lorenzo.

"Yes, friar Anselmo, thanks to you. Here you have your precious scorpion and a bag of money for the poor," don Lorenzo answered.

The friar took the scorpion out of the cloth and it was no longer a jewel. He looked at it affectionately. Then he put it back on the wall and said, "Continue your climb, good scorpion."

And the scorpion began to climb the wall slowly.

Llegó el día cuando don Lorenzo quiso devolver el alacrán al fraile. Así, fue al prestamista, pagó el dinero necesario, y con el alacrán envuelto en un pedazo de tela fue al monasterio.

—Todo está bien, ¿no es verdad?— preguntó el fraile a don Lorenzo.

—Sí, fray Anselmo, gracias a usted. Aquí tiene al alacrán precioso y una bolsa con dinero para los pobres— contestó don Lorenzo.

El fraile sacó de la tela el alacrán que ya no era una joya. Lo miró con cariño. Entonces lo puso en la pared y le dijo:

—Sigue tu camino, buen alacrán.

Y el alacrán comenzó a caminar lentamente por la pared.

11

The Little Animal that Sings

The state of Guanajuato is about 150 miles north of the capital of the Mexican Republic. Today, just as centuries ago, Guanajuato is famous for its silver, gold, and copper mines.

El animalito que canta

El estado de Guanajuato está a unas 150 millas al norte de la capital de la república mexicana. Hoy día, como hace siglos, Guanajuato es famoso por sus minas de plata, oro y cobre.

Three centuries ago, a young Spaniard left the capital of New Spain[1] for Guanajuato. He was looking for silver. He hoped to become rich in a short time. Then he would return to Spain and marry his sweetheart.

For many weeks, the young man looked for the silver mines, but he couldn't find even one. One night, tired and cold, he went to an Indian village at the foot of the mountains. The chief of the tribe invited him to spend the night in his little house. The young man accepted the invitation with much pleasure. He lay down on a straw mat and slept very well. But about six in the morning he woke up. He heard the noise made by many Indians who were running and singing. The young man put on his boots and went out of the little house to talk to the chief.

"Good morning, sir. What's happening? Why are the young men running and singing?"

"Oh," the chief answered, "our young men are singing to the sun. They're telling it that it is time to wake up and to begin its trip across the sky."

The young Spaniard was surprised. He looked at the Indians who were running and singing to the east of the village. They continued their singing until the sun appeared. At that moment, they all shouted happily.

"Do the young men have to awaken the sun every morning?" the young Spaniard asked.

"Yes, it's true. Don't you do it in your village?" the chief asked.

The Spaniard wanted to laugh, but he did not.

"Oh no, sir. We have a little animal that wakes up the sun every morning. That's why we don't have to get up early."

"A little animal? What kind?" asked the Indians.

"We call it a rooster," the Spaniard answered.

[1]Mexico.

Hace tres siglos, un joven español salió de la capital de la Nueva España[1] para Guanajuato. Iba en busca de plata. Esperaba hacerse rico en poco tiempo. Entonces podría volver a España y casarse con su novia.

Por muchas semanas el joven buscaba las minas de plata, pero no encontró ni una. Una noche, cansado y con frío, fue a un pueblo indio al pie de las montañas. El jefe de la tribu lo invitó a pasar la noche en su casita. El joven aceptó la invitación con mucho gusto. Se acostó en un petate y durmió bien. Pero cerca de las seis de la mañana se despertó. Oyó el ruido de muchos indios que corrían y cantaban. El joven se puso las botas y salió de la casita para hablar con el jefe.

—Buenos días, señor. ¿Qué pasa? ¿Por qué corren y cantan los jóvenes?

—¡Oh!— respondió el jefe —nuestros jóvenes cantan al sol. Le dicen que es la hora de despertarse y de empezar su viaje a través del cielo.

El joven estaba sorprendido. Miró a los indios que corrían cantando al este del pueblo. Continuaron sus canciones hasta que apareció el sol. En ese momento gritaron alegremente.

—¿Todas las mañanas los jóvenes tienen que despertar al sol?— preguntó el joven.

—Sí, es verdad. ¿No lo hacen ustedes en su pueblo?— preguntó el jefe.

El español quería reírse, pero no lo hizo.

—Oh no, señor. Tenemos un animalito que despierta al sol todas las mañanas. Por eso, no tenemos que levantarnos temprano.

—¿Un animalito? ¿De qué clase?— preguntaron los indios.

—Lo llamamos gallo— contestó el español.

[1]México.

"Can you bring us a rooster?" the chief asked.

Suddenly, the young man had an idea that could be of good use to him. Therefore, he answered, "I'm going to bring you a rooster if you promise to tell me where there is a large silver mine."

After much discussion, the Indians promised to tell him where it was.

Then the Spaniard left and in three days he returned with a large and beautiful rooster.

That night, only the children were able to sleep. The adults were so nervous that they couldn't shut their eyes. What was going to happen if the rooster did not wake up the sun? Hours went by—four o'clock, five o'clock. A few minutes before six, the rooster woke up and flew to the rooftop of the chief's house. It crowed in a loud voice—once, twice. Soon one could see the first rays of the sun in the east. A few seconds later, the rooster crowed several times more. Then the whole, round sun appeared. What happiness reigned among all the adults!

The following months, the Indians helped the Spaniard find all the silver he wanted. He became rich and soon left Mexico for Spain where he married his sweetheart.

It is said that even to this day, the Indians who live at the foot of the mountain in Guanajuato really love the rooster that wakes up the sun.

—¿Puede usted traernos un gallo?— dijo el jefe.

De repente el joven pensó en una idea que podía servirle bien. Por eso, respondió:

—Voy a traerles un gallo si ustedes prometen decirme dónde hay una gran mina de plata.

Después de mucha discusión, los indios prometieron decírselo.

Luego salió el español y en tres días volvió con un gallo grande y hermoso.

Esa noche sólo los niños pudieron dormir. Los adultos estaban tan nerviosos que no cerraron los ojos. ¿Qué iba a pasar si el gallo no despertaba al sol? Pasaron las horas—las cuatro, las cinco. Unos momentos antes de las seis, el gallo se despertó y voló al techo de la casita del jefe. Cantó en voz alta—una vez, dos veces. Pronto se vio el primer rayo del sol en el este. En unos momentos, el gallo cantó varias veces más. Entonces apareció el sol grande y redondo. ¡Qué alegría había entre todos los adultos!

En los meses siguientes los indios ayudaron al español a encontrar toda la plata que él deseaba. Así él se hizo rico y pronto salió de México para España donde se casó con su novia.

Se dice que hasta hoy día los indios del pueblo al pie de la montaña en Guanajuato quieren mucho al gallo que despierta al sol.

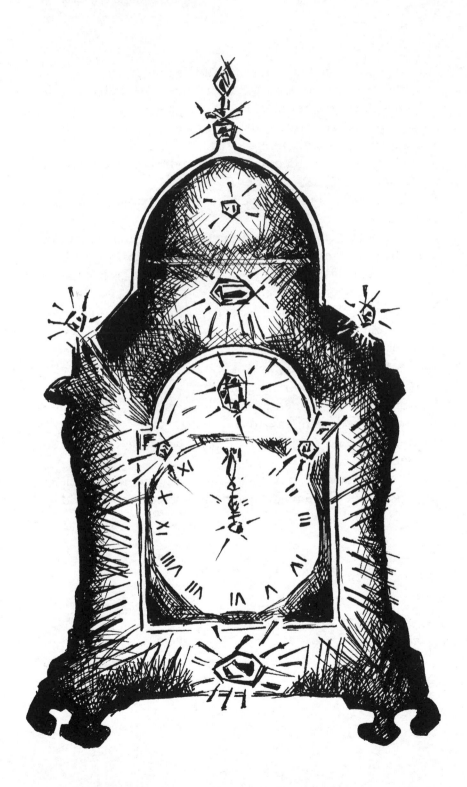

12

The House of Tiles

One of the most beautiful buildings in Mexico City is called the House of Tiles. It is not far from the old cathedral of the capital. For many years, only the wealthy and noble people lived in this residence. In the twentieth century, the two Sanborn brothers bought the house. Here, they established a restaurant that serves Mexican as well as American food; it even serves malted milk and hamburgers. This is the legend of the origin of the House of Tiles.

La Casa de los Azulejos

Uno de los edificios más bellos de la Ciudad de México es la Casa de los Azulejos. No está lejos de la antigua catedral de la capital. Por muchos siglos sólo gente rica y noble vivía en esta residencia. En el siglo XX, dos hermanos, los señores Sanborn, compraron la casa. Aquí establecieron un restaurante que sirve comida mexicana y también comida de los Estados Unidos; hasta sirve leche malteada y hamburguesas. Ésta es la leyenda del origen de la Casa de los Azulejos.

In the eighteenth century, young don[1] Luis, the second Count of Orizaba, lived with his wealthy and distinguished family in Mexico City. Luis was not a good son. He was lazy and selfish. He amused himself by day and night and never thought of anything serious.

Luis' parents were very sad because of the bad conduct of their son. One day Luis' father said to lazy Luis, "You'll never be able to make a house of tiles."[2]

"I don't care. I only want to have a good time," Luis answered, and left quickly to attend a party.

During the following days, Luis thought a lot about what his father had said and he decided to change his behavior.

Instead of amusing himself all the time, he would work long hours with great enthusiasm. At the end of a few years, he had amassed a fortune.

He bought a large two-story house not far from the cathedral. He and his workmen covered the house with beautiful white, yellow, and blue tiles. When all this work was finished, Luis lived in this elegant house. Afterwards, he spent a lot of time in Europe where he bought elegant and costly furniture.

Now, Luis was ready to give a grand party in his magnificent house in honor of his parents. He invited all the wealthy and noble people of the capital.

During the party there were songs and dances. Shortly before midnight, Luis noticed that a very costly and ornate clock had disappeared from a table that was below some large windows.

Luis thought that there was a thief among the guests. No doubt, the person hid the clock underneath his or her clothes. For that reason, the young man went to the center of the great room and announced aloud, "Ladies and gentlemen, I regret having to interrupt the music, but I am very

---

[1]A title used before the first name of a Spanish nobleman or gentleman; *doña* is the feminine equivalent.
[2]This saying means "You'll never amount to anything."

En el siglo XVIII, el joven don[1] Luis, segundo Conde de Orizaba, vivía con su familia rica y distinguida en la Ciudad de México. Luis no era un buen hijo. Era perezoso y egoísta. Se divertía de día y de noche y nunca pensaba en cosas serias.

Los padres de Luis estaban tristes a causa de la mala conducta de su hijo. Un día el padre le dijo al perezoso Luis:

—Hijo mío, nunca vas a hacer casa de azulejos.[2]

—No me importa. Sólo quiero divertirme— respondió Luis que salió deprisa para una fiesta.

Durante los días siguientes, Luis pensó mucho en las palabras de su padre y decidió cambiar su conducta.

En vez de divertirse todo el tiempo, trabajaba horas largas con entusiasmo. Al fin de pocos años tuvo una fortuna.

Él compró una casa grande de dos pisos que no estaba lejos de la catedral. Él y sus trabajadores cubrieron la casa de hermosos azulejos de diseños hechos en blanco, amarillo y azul. Cuando este trabajo estuvo terminado, Luis fue a vivir a su elegante casa. Después pasó mucho tiempo en Europa donde compró muebles finos y costosos.

Ahora Luis estaba listo para dar una fiesta en su casa en honor de sus padres. Invitó a la gente noble y rica de la capital.

Durante la fiesta hubo canciones y bailes. Un poco antes de la medianoche, Luis observó que un reloj precioso de gran valor había desaparecido de una mesa que estaba debajo de unas ventanas grandes.

Luis creyó que había un ladrón entre la gente. Sin duda, la persona escondió el reloj debajo de su ropa. Por eso, el joven fue al centro del gran salón y en voz alta anunció:

—Damas y caballeros, siento interrumpir la música, pero estoy muy triste. Un reloj precioso ya no está en la mesa debajo de las ventanas grandes.

---

[1]Título que precede al nombre de un noble o caballero español; su forma femenina es doña.
[2]Significa que uno no valdrá mucho.

sad. A valuable clock is no longer on the table below the large windows."

"How strange!" many people said.

"This clock, mounted with diamonds, is a gift from the king of Spain," Luis continued. "Now it is ten minutes to twelve. Soon the clock will play music before striking twelve. The doors of the house are all locked. No one can leave. Now we are going to turn out the lights of this room for a few minutes. In the dark, the person who has the clock can put it back on the table."

After a few moments the servants entered with the lights. Every eye was turned toward the table. There was the clock! It was one minute to twelve.

The people impatiently watched the tiny hands of the clock reach twelve and pass it, but the clock didn't play any music, nor did it strike the hour.

Luis, seeing the looks of surprise and curiosity on the faces of the people, said, "The truth of the matter, my friends, is that the clock never plays any music nor strikes the hour. Now, we can go on with our party."

Thus ends the legend of Luis and the House of Tiles.

—¡Qué extraño!— dijeron muchas personas.

—Este reloj, adornado de diamantes, es un regalo del rey de España— continuó Luis. —Ahora son las doce menos diez. Muy pronto el reloj va a tocar su música antes de dar las doce. Las puertas de la casa están cerradas. Nadie puede salir. Ahora vamos a apagar las luces de este salón por unos minutos. Así, en la oscuridad la persona que tiene el reloj puede ponerlo en la mesa.

Después de unos minutos los criados entraron con las luces. Todos los ojos miraron en la dirección de la mesa. ¡Ahí estaba el reloj! Sólo faltaba un minuto para las doce.

La gente, impaciente, vio cómo las manecillas del reloj llegaron a las doce y pasaron, pero el reloj no tocó su música y no dio la hora.

Luis, observando las miradas de sorpresa y curiosidad en las caras de la gente, dijo:

—La verdad, amigos míos, es que este reloj nunca toca una nota de música ni da la hora. Ahora, vamos a continuar con nuestra fiesta.

Así termina la leyenda de Luis y de la Casa de los Azulejos.

13

The Mystery of Elm Grove Street

The cathedral of Mexico City is a beautiful building. It is said that it was built on the site of an Aztec temple. It is the oldest cathedral in North America and the largest on the American continent. The priest of this legend celebrated mass in this cathedral. This legend dates from the last part of the XVIII century. The title tells us what kind of trees grew on this street.

El misterio de la calle de Olmedo

La catedral de la Ciudad de México es un edificio hermoso. Se dice que fue construida en el sitio donde antes se encontraba un templo azteca. Es la catedral más antigua de Norte América y la más grande del continente americano. El cura de la siguiente leyenda celebró la misa en esta catedral. Esta leyenda es de la última parte del siglo XVIII. El título le dice qué clase de árboles (olmos) hay en la calle.

I t was a cold and dark night in the capital of Mexico. It was raining heavily and it was very windy. It seemed that everybody was asleep because there was no noise coming from the houses or the streets.

The big, melodious bell of the cathedral struck eight o'clock. At that moment, a priest came out of the cathedral and walked quickly in the direction of his monastery. He was praying the rosary in a hushed voice.

When he turned the corner, the priest heard a man's voice coming from the other side of the street.

"Wait a minute, father, please. I want to talk to you," the man said.

"Very well, sir. What do you want?" the priest asked.

The man ran to the priest's side and said to him, "My sister, who lives here on Elm Grove Street, is very sick. At the time of her death, she wants to talk to a priest. Please, come to hear her confession."

For a brief moment the priest didn't answer. He was tired and cold. He would rather go to the monastery where he lived.

"Come quickly," the man said.

"Very well, let's go," the priest replied.

They both walked quickly toward an old house. The man opened the door and they both entered a cold, humid room. On a bed, the priest saw the man's sister who was young and beautiful. Her clothes were elegant, but the good priest trembled when he saw that her two hands were clasped in prayer.

"Thank you for coming, father," the sister said in a weak voice.

"Sit down, father, and please hear her confession. I have to leave at nine o'clock," the man said impatiently.

The priest obeyed. He bent down over the bed to hear the confession of the man's sister. The man sat down on the other side of the room to read a book.

Era una noche fría y oscura en la capital de México. Llovía mucho y hacía viento. Parecía que toda la gente dormía porque no había ruido en las casas ni en las calles.

La campana grande y melodiosa de la catedral dio las ocho. En ese momento un cura salió de la catedral y caminó rápidamente en dirección a su monasterio. Iba rezando el rosario en voz baja.

Al doblar la esquina, el cura oyó la voz de un hombre que estaba al otro lado de la calle.

—Espere un momento, padre, por favor. Quiero hablar con usted— dijo el hombre.

—Muy bien, señor. ¿Qué desea usted?— respondió el sacerdote.

El hombre corrió al lado del cura y le dijo:

—Mi hermana, que vive aquí en la calle de Olmedo, está muy enferma. Está por morir y desea hablar con un sacerdote. Por favor, venga a oír su confesión.

Por un momento el cura no respondió. Estaba cansado y tenía frío. Prefería ir al monasterio donde vivía.

—Venga pronto— imploró el hombre.

—Muy bien, vamos— respondió el cura.

Los dos caminaron de prisa hacia una casa vieja. El hombre abrió la puerta y los dos entraron en un cuarto húmedo y frío. En una cama el cura vio a la hermana que era joven y hermosa. Su ropa era elegante, pero el buen padre tembló cuando la miró porque tenía las dos manos juntas en actitud de rezar.

—Gracias por venir, padre— dijo la hermana en voz débil.

—Siéntese, padre, y por favor, oiga la confesión. Tengo que salir a las nueve— dijo el hombre con impaciencia.

El cura obedeció. Se inclinó sobre la cama para oír la confesión de la hermana. El hombre se sentó al otro lado del cuarto a leer un libro.

Shortly before nine o'clock, the man said to the priest, "Now you must leave. Thank you for coming. Have a good evening."

"Good night," the astonished priest said, and he left the house quickly.

Then the great bell of the cathedral struck the hour. It was nine o'clock. At that moment, the priest heard a terrible scream. The noise came from the house where he had been.

The priest ran to the house and knocked on the door. No one answered.

"Open the door in God's name," the frightened priest shouted.

There was no answer.

For a half hour the priest waited in front of the house. Then, sad and confused, he left for the monastery. But where was his rosary? He didn't have it. Then he remembered. He had left it on the sick young woman's bed.

All night long the priest was nervous and couldn't sleep. The following day, he got up early and went to Elm Grove Street. On the corner he saw a policeman and said to him, "Please, sir, come with me to pick up my rosary. It is near here, in a house."

"Of course, I'll be glad to, father," the policeman said.

Both of them walked to the house and the policeman knocked on the door. No one came to open it.

"Open the door in the name of the king!" the policeman shouted loudly.

Upon hearing the policeman's voice, the neighbors came out of their houses. They wanted to know what was happening.

"No one lives in that house," one of the men said.

"That's true," the other neighbors said.

"The doors have been closed for more than half a century."

"But my rosary is on a bed in this house," the priest said.

Un poco antes de las nueve el hombre dijo al cura:

—Ahora usted tiene que salir. Gracias por venir. Muy buenas noches.

—Buenas noches— dijo el sacerdote asombrado. Y salió rápidamente de la casa.

Entonces la campana de la catedral dio la hora. Eran las nueve. En ese momento el cura oyó un grito terrible. El ruido vino de la casa donde había estado él.

El sacerdote corrió a la casa y llamó a la puerta. Nadie respondió.

—Abra la puerta en nombre de Dios— gritó el cura, asustado.

Hubo silencio.

Por media hora el cura esperó delante de la casa. Entonces, triste y confuso, salió para el monasterio. Pero, ¿dónde estaba su rosario? No lo tenía. Entonces recordó. Estaba sobre la cama de la señorita enferma.

Toda la noche el cura estuvo nervioso y no pudo dormir. Al día siguiente se levantó temprano y fue a la calle de Olmedo. En la esquina vio a un policía y le dijo:

—Por favor, señor policía, venga conmigo para recoger mi rosario. Está cerca, en una casa.

—Con mucho gusto, padre— dijo el buen policía.

Los dos caminaron a la casa y el policía llamó a la puerta. Nadie la abrió.

—¡Abran la puerta en nombre del rey!— gritó el policía en voz alta.

Al oír la voz del policía, los vecinos salieron de sus casas. Quisieron saber lo que pasaba.

—Nadie vive en esa casa— dijo un hombre.

—Es verdad— dijeron los otros vecinos.

—Hace más de medio siglo que sus puertas no se abren.

—Pero mi rosario está en la cama de esta casa— dijo el cura.

"It's impossible!" the neighbors shouted.

"Let's see," the policeman answered as he pried open the door with his sword.

Then everybody went into the house. The man wasn't there. But there was a skeleton on the bed with its hands together as if it were praying. And at its side, everyone saw the priest's rosary.

—¡Imposible!— gritaron los vecinos.

—Vamos a ver— respondió el policía que difícilmente abrió la puerta con su espada.

Entonces todos entraron en la casa. El hombre no estaba. Pero en la cama había un esqueleto con las manos juntas en actitud de rezar, y a su lado, todos vieron el rosario del cura.

14

The Lighthouse Keeper's Daughter

Veracruz is the most important seaport in eastern Mexico. The city was founded in 1519 by Cortez who named it Villa Rica de la Vera Cruz (Rich City of the True Cross). There is generally very good weather in Veracruz, but in certain seasons there are hurricanes and terrible storms.

La hija del torrero

Veracruz es el puerto más importante de la costa oriental de México. La ciudad fue fundada en 1519 por Hernán Cortés quien le dio el nombre de Villa Rica de la Vera Cruz. Por lo general hace buen tiempo en Veracruz, pero en ciertas estaciones hay huracanes y tempestades terribles.

Sacrificios Island is near the seaport of Veracruz. On this little island there is a lighthouse that has saved the lives of many sailors over the past four centuries.

During the first part of the nineteenth century, there was a lighthouse keeper who was in charge of the lighthouse. His name was Felipe. He was a brave young man, very dedicated to his work. He lived very happily in the lighthouse with his wife, Catalina, and his little daughter Teresa. He loved them both very much.

One morning, Catalina told her ten-year-old daughter, "To celebrate your birthday, Teresa, you can go with your father to Veracruz. Do you want to go, my daughter?"

"Oh, yes, mother, I really want to!" the little girl answered.

So Felipe and his daughter left in a small boat for Veracruz. Four hours later, as they prepared to leave for the island, an old gypsy woman came to the boat.

"Good afternoon," the gypsy said. "With your permission, sir, I would like to tell your daughter's fortune."

"Very well, if she wants to know it," the lighthouse keeper replied.

"Oh, yes, I want to know if some day I'm going to marry a prince."

The three of them laughed.

"Give me your hand, child," the gypsy said.

After looking at the hand for a few minutes, the gypsy said, "I only see a statue, nothing more. I think it is a statue of a very brave person near the coast."

"Is it the statue of a prince?" Teresa asked.

"I don't think so," the gypsy answered.

"Well, what does the statue mean?" the lighthouse keeper asked, and he gave the gypsy a few cents.

"It means good luck, sir, and thank you for the money. May God bless you! Goodbye," the gypsy added.

La isla de Sacrificios está cerca del puerto de Veracruz. En esta pequeña isla se halla un faro que ha salvado la vida de muchos marineros durante los cuatro siglos de su existencia.

En la primera parte del siglo diecinueve había un torrero que se encargaba del faro. Se llamaba Felipe. Era un hombre joven y valiente, muy dedicado a su trabajo. Vivía felizmente en el faro con su esposa Catalina y su hijita Teresa. Las quería muchísimo.

Una mañana, Catalina le dijo a su hija, que tenía diez años:

—Para celebrar tu día de santo, Teresa, puedes acompañar a tu papacito a Veracruz. ¿Quieres ir, hijita mía?

—¡Ay, sí, mamacita, con mucho gusto!— respondió la niña.

Así Felipe y su hija salieron en un bote pequeño para Veracruz. Cuatro horas más tarde, cuando se preparaban para volver a la isla, una gitana vieja vino al bote.

—Buenas tardes— dijo la gitana. —Con su permiso, señor, voy a decir la fortuna a su hija.

—Muy bien, si la niña quiere saberla— respondió el torrero.

—¡Oh, sí, deseo saber si algún día voy a casarme con un príncipe.

Los tres rieron.

—Dame tu manecita, niña— dijo la gitana.

Después de mirar la mano por unos minutos, la gitana dijo: —Veo solamente una estatua, nada más. Creo que es una estatua de una persona valiente, cerca de la costa.

—¿Es una estatua de un príncipe?— preguntó la niña Teresa.

—Creo que no— respondió la gitana.

—Pues, ¿qué significa una estatua?— dijo el torrero que dio unos centavos a la gitana.

—Significa buena suerte, señor, y gracias por el dinero. ¡Que Dios los bendiga! Adiós— respondió la gitana.

Everything went well with the lighthouse keeper and his family until the following week when one afternoon his wife, Catalina, became very ill.

"I'll go to town for medicine, but I'll come back quickly because it looks like we're going to have a storm according to those black clouds. You, Teresa, please be a good nurse and a brave lighthouse keeper," Felipe said as he ran toward his boat.

The trip to town was difficult for the lighthouse keeper. It was very windy, and it was raining, and the waves were very big.

When he arrived at the coast, three pirates came out from behind some large rocks, took Felipe, tied his hands and feet, and placed him between two huge rocks. These men planned to rob many ships that would not be able to reach the coast now without the light in the lighthouse.

When the lighthouse keeper did not come home, his family became nervous.

"Oh, your poor father and the poor sailors who cannot see their way without the light from the lighthouse!" Catalina said. "I cannot light the lantern because I am so ill."

"Don't worry, mother, I am going to light it," the girl answered.

"That's impossible, Teresa. You are too small."

The girl did not hear her mother's words. With matches in hand, she climbed the old stairway clear to the top, but she could not reach the lantern.

Teresa took a small chair, some wooden boxes, and large books to the tower. With these things, she constructed a kind of stairway with which she could reach the lantern and light the wick.

A ray of light illuminated the ocean. Now, even though there was a furious storm, all the sailors in their ships reached the coast safe and sound. When they saw the light, the pirates left without robbing anyone.

Todo iba bien con el torrero y su familia hasta la siguiente semana cuando una tarde la esposa, Catalina, se puso enferma.

—Voy al pueblo por medicina, pero vuelvo pronto porque vamos a tener una tempestad, según las nubes negras. Tú, Teresa, sé, por favor, una enfermera buena y una torrera valiente— dijo Felipe que iba corriendo a su bote.

El viaje al pueblo era difícil para el torrero. Hacía mucho viento, estaba lloviendo y las olas eran inmensas.

Al llegar a la costa, tres piratas salieron detrás de unas rocas grandes, prendieron a Felipe, le ataron las manos y los pies y lo pusieron entre dos rocas inmensas. Estos hombres iban a robar muchos barcos que ahora no podrían llegar a la costa sin la luz del faro.

Cuando el torrero no llegó a casa, su familia se puso nerviosa.

—¡Ay, tu pobre papá y los pobres marineros que no pueden ver sin la luz del faro!— dijo Catalina. —Yo no puedo encender la luz porque estoy tan enferma.

—No se apure, mamá, voy a encender la luz— respondió la niña.

—Es imposible, Teresa. Eres tan pequeña.

La niña no oyó las palabras de su madre. Con fósforos en la mano, subió la vieja escalera hasta la torre, pero no pudo alcanzar la farola.

Teresa llevó una silla pequeña, varias cajas de madera y libros grandes a la torre. Con estas cosas construyó una escalera con la que pudo alcanzar la farola y encender la mecha.

Un rayo de luz iluminó el océano. Ya, aunque había una furiosa tempestad, todos los marineros en sus barcos llegaron a la costa sanos y salvos. Al ver la luz, los piratas se fueron sin robar a nadie.

The following morning, two sailors found Felipe and they untied the ropes from his hands and feet. They also told him about the light in the lighthouse the previous night.

After buying the medicine for his wife, the lighthouse keeper returned to the lighthouse for a happy reunion with his family. With tears and kisses, they celebrated being together again.

Some time later, the whole town, demonstrating its gratitude toward the lighthouse keeper's daughter, erected a beautiful statue of Teresa the Brave Girl on the coast of Veracruz.

A la mañana siguiente, dos marineros encontraron a Felipe y le desataron las cuerdas de las manos y los pies. También le contaron de la luz de la farola de la noche anterior.

Después de comprar la medicina para su esposa, el torrero volvió al faro para una reunión feliz con su familia. Entre lágrimas y besos, se alegraron de estar reunidos otra vez.

Algún tiempo después, el pueblo entero, demostrando su gratitud a la niña torrera, erigió una hermosa estatua de Teresa la Valiente en la costa de Veracruz.

15

Who Is Wise?

The University of Mexico is the oldest university on the North American continent. It was founded in 1551. At present, the university is a few miles from the capital, in the University City. Its architecture is one of the marvels of the Americas.

This legend deals with two meteorologists from the university and a donkey that was wiser than both of these famous scientists.

¿Quién es sabio?

La Universidad de México es la más antigua del continente norteamericano. Fue fundada en el año 1551. Actualmente la universidad está a unas pocas millas al sur de la capital en la Ciudad Universitaria. Su arquitectura es una de las maravillas de las Américas.

Esta leyenda trata de dos meteorólogos de la Universidad y de un burro más sabio que los dos famosos científicos.

I t was the XIX century. Among the many professors of the university, there were two who were very wise and very famous. They were the most distinguished meteorologists of the country. During the school year, they taught their classes, wrote books, and gave lectures. But when vacation time came around, the professors traveled to various parts of Mexico to study the weather.

Well, vacation time came along. This year, the meteorologists were going to study the weather in the states to the north of the capital. They carried with them their meteorological apparatus, their large notebooks, and their scientific books.

After traveling for a week, they arrived one afternoon at a town where they saw donkeys everywhere—large ones, small ones, old ones, young ones, gray ones, and brown ones.

"Here there are more donkeys than people," one of the professors observed.

"Yes, that's true," his companion answered. "And the people treat them with such respect. How curious!"

Suddenly, the professors realized that it was growing dark. So they decided to look for a place to spend the night.

On the other side of the road, they saw an old woman standing at the door of her house. The professors decided to ask her for permission to spend the night in her courtyard. When they arrived at the house, one of the professors said, "Good evening, ma'am. If it won't be an inconvenience, may we spend the night in your courtyard?"

"Good evening, gentlemen. Come in. This is your house. But you should sleep in the living room and not in the courtyard," the old woman said.

"No, thank you, ma'am," they answered. "We want to sleep in the courtyard because it is a very beautiful night."

"It's beautiful now, gentlemen, but during the night it is going to rain," explained the old woman.

"Rain! That's impossible," one of them said. "You are talking to two knowledgeable meteorologists. Through our

Era el siglo XIX. Entre los profesores de la Universidad de México había dos que eran muy sabios y muy famosos. Eran los meteorólogos más distinguidos de su país. Durante el año escolar, enseñaban sus clases, escribían libros y pronunciaban discursos. Pero cuando venían las vacaciones, los profesores viajaron por varias partes de México para estudiar el tiempo.

Pues, empezaron las vacaciones. Este año los meteorólogos iban a estudiar el tiempo en los estados al norte de la capital. Llevaron sus aparatos meteorológicos, sus cuadernos y sus libros científicos.

Después de viajar por una semana, una tarde llegaron a un pueblo donde vieron burros por todas partes—burros grandes y pequeños, viejos y jóvenes, grises y de color café.

—Aquí hay más burros que gente— observó uno de los profesores.

—Sí, es verdad— respondió su compañero. —Y la gente los trata con respeto. ¡Qué curioso!

De repente, los profesores observaron que ya era tarde. Por eso buscaron por dónde pasar la noche.

Al otro lado del camino vieron a una viejecita que estaba parada a la puerta de su casa. Los profesores decidieron pedirle permiso para pasar la noche en su patio. Al llegar a la casa, uno de los profesores dijo:

—Buenas tardes, señora. Si no es inconveniente, ¿podemos pasar la noche en su patio?

—Muy buenas tardes, señores. Pasen ustedes. Ésta es su casa. Pero deben dormir en la sala en vez del patio— dijo la vieja.

—No, gracias, señora— le respondieron. —Nosotros queremos dormir en el patio porque la noche está muy hermosa.

—Ahora hace buen tiempo, señores, pero durante la noche va a llover— explicó la vieja.

—¡A llover! No es posible— dijo uno de los profesores.
—Usted está hablando con dos sabios meteorólogos. Por

apparatus and observations we know that rain at this time is impossible. There isn't any sign of rain. The atmosphere is clear, the only clouds are cirrus, and the hygrometer[1] is dry and the barometer is high. So it isn't going to rain. We are authorities when it comes to weather."

The old woman didn't say anything. She looked at the men with a surprised expression.

"You don't understand, ma'am?" one of them asked her with a smile.

"I'm sorry, sir, but I don't understand a word. What I do understand is that it is going to rain tonight." With these words, the old woman went into her little house.

"The poor woman is very ignorant," one of the professors observed.

"Yes, that's true," the other said.

Now both professors sat down in the courtyard and, for a couple of hours, they wrote in their large notebooks the scientific observations they had made that day. Then, they lay down on their blankets and soon fell asleep. But during the night there was a heavy rainfall, a very heavy rain. The professors quickly ran from the courtyard and lay down in the living room.

The following morning, the old woman entered the room to talk to the professors.

"You are very intelligent, ma'am, and we are the stupid ones," the meteorologists said. "Please tell us how you knew it was going to rain."

"Well, it really is very simple, gentlemen. My little donkey, like all the donkeys in this town, is very intelligent. When it is going to rain, he goes into the stable and brays three times very loudly. He did just that yesterday afternoon."

"Friend," said one of the professors, "let's get out of here. In this town the donkeys know more than we do."

---

[1]Instrument that measures humidity.

nuestros aparatos y observaciones sabemos que la lluvia en estos días es imposible. No hay el menor indicio. La atmósfera está clara, las únicas nubes son cirros, el higrómetro[1] está seco y el barómetro está alto. Así no va a llover. Somos autoridades acerca del tiempo.

La vieja no dijo nada. Miró a los hombres con una expresión de sorpresa.

—¿No entiende usted, señora?— preguntó el profesor con una sonrisa.

—Lo siento, señor, pero no entiendo ni una palabra. Lo que entiendo es que va a llover esta noche—. Con estas palabras la vieja entró en la pequeña casa.

—La pobre señora es muy ignorante— observó uno de los profesores.

—Sí, es verdad— dijo el otro.

Ahora los sabios señores se sentaron en el patio y por dos horas escribieron en los cuadernos grandes sus observaciones científicas de ese día. Luego se acostaron en sus sarapes y pronto se durmieron. Pero durante la noche hubo una lluvia fuerte, muy fuerte. Los profesores salieron de prisa del patio y se acostaron en la sala.

A la mañana siguiente la vieja entró en la sala para hablar con los profesores.

—Usted es muy inteligente, señora, y nosotros somos estúpidos— dijeron los meteorólogos. —Por favor, díganos cómo sabía que iba a llover.

—Pues, es muy sencillo, señores. Mi burrito, como todos los burros de este pueblo, es muy inteligente. Cuando va a llover, él entra en el establo y rebuzna tres veces muy fuerte. Lo hizo ayer por la tarde.

—Compañero— dijo uno de los profesores —vámonos de aquí. En este pueblo los burros saben más que nosotros.

[1]Instrumento que mide la humedad.

When the wise professors returned to the university they told their colleagues about their adventure. They all laughed heartily.

It is said that several days later, the children who lived or played near the university repeated this rhyme to their friends:

> A, E, I, O, U,
> Donkeys know more than you.

Cuando los sabios profesores volvieron a la Universidad, les contaron a sus compañeros su aventura. Todos se rieron a carcajadas.

Se dice que después de unos días, los niños que vivían o que jugaban cerca de la Universidad gritaban a sus amiguitos esta rima:

> A, E, I, O, U,
> El burro sabe
> Más que tú.

16

First Prize

Guadalajara is Mexico's second city in population. It is a city that has retained the beauty of times past together with modern life. There are many distinguished families who live in Guadalajara. For them, there isn't a more beautiful city anywhere. This legend has to do with a modest Guadalajara family.

El premio gordo

Guadalajara es la segunda ciudad de México en cuanto a su población. Es una ciudad que conserva lo bonito del pasado con la vida moderna. Hay muchas familias muy distinguidas que viven en Guadalajara. Para ellas no hay una ciudad más bonita. Esta leyenda se trata de una familia modesta de Guadalajara.

Don[1] Andrés Ramírez and his wife, Doña Marta, lived in a modest house in the city of Guadalajara, famous for its great cathedral and its mariachi music.

One day, his nephew Enrique, who lived in Mexico City, came to visit them. After his visit, and before leaving, the nephew told his uncle, "Tomorrow when I get to the capital, I am going to buy you a lottery ticket. Let's see if you're luckier than I am."

"Thanks a million, Enrique. You're very kind. How many pesos will I receive if I win the first prize?"

"Many, many pesos, uncle. Probably 20,000 pesos. If you win, I'll bring you the money next month when I return here to Guadalajara."

One week later, a young man came to Don Andrés' house with a telegram. It was one of the first telegrams to be delivered in that city.

Don Andrés, very nervous, ran to the kitchen and shouted to his wife, "Look, Marta, I have a telegram from Enrique."

"Well, then, read it quickly, Andrés."

With trembling hands, Don Andrés opened the telegram and read, "Dear uncle. You won the first prize. I'll visit you in three weeks. Enrique."

"Oh, Marta, we're rich! Now we can buy a piano, new rugs, and . . ."

"Andrés, we're also going to buy new clothes. How lucky you are! Your first ticket and you win a fortune," his wife exclaimed.

"Yes, thanks to Enrique," Don Andrés answered. "Now I am going to visit don Felipe, the moneylender, to ask him for 500 pesos, which is a small part of the first prize. I'll return the money to him, with interest, when Enrique comes next month."

No sooner said than done.

---

[1]A title before the first name of a gentleman; *doña* is the feminine equivalent.

Don[1] Andrés Ramírez y su esposa, doña Marta, vivían en una casa modesta en la ciudad de Guadalajara, famosa por su gran catedral y su música de mariachis.

Un día, su sobrino Enrique, que vivía en la Ciudad de México, vino a visitarlos. Después de su visita y antes de salir, el sobrino le dijo a su tío:

—Mañana cuando llegue a la capital, voy a comprarle un billete de lotería. Vamos a ver si usted tiene mejor suerte que yo.

—Muchas gracias, Enrique. Eres muy amable. ¿Cuántos pesos recibo si gano el premio gordo?

—Muchísimos pesos, tío; $20.000 probablemente. Si usted gana, voy a traerle el dinero el próximo mes cuando vuelva a Guadalajara.

Una semana más tarde un joven vino a la casa de don Andrés con un telegrama. Era uno de los primeros telegramas que llegó a la ciudad.

Don Andrés, muy nervioso, corrió a la cocina y gritó a su esposa:

—Mira, Martita, tengo un telegrama de Enrique.

—Pues bien, léelo pronto, Andrés.

Con manos trémulas, don Andrés abrió el telegrama y leyó: «Querido tío, Usted ganó el premio gordo. Los visito en tres semanas. Enrique.»

—¡Ay, Marta, somos ricos! Ahora podemos comprar un piano, alfombras nuevas y . . .

—También, Andrés, vamos a comprar ropa nueva. ¡Qué buena suerte tienes! Con tu primer billete ganas una fortuna— exclamó la esposa.

—Sí, gracias a Enrique— respondió don Andrés. —Ahora voy a visitar a don Felipe, el prestamista, para pedir prestados quinientos pesos, una parte del premio gordo. Le devolveré el dinero con interés cuando Enrique venga el próximo mes.

Dicho y hecho.

[1]Título que precede al nombre de un caballero; su forma femenina es doña.

The following days, Don Andrés and his wife Marta were very busy. First, they went to the furniture store and bought new furniture for every room in the house. Then, they visited the tailor and the dressmaker. Afterwards, they bought hats and new shoes.

Since both of them were generous, they had expensive parties for their neighbors and friends. There were beautiful piñatas for the children; and for everyone, young and old, there was very tasty food and there were mariachis that played music hour after hour.

Finally, they received a letter from Enrique. He would arrive by train in two days.

That day, both the aunt and the uncle dressed in their expensive clothes and went to the train station. Don Andrés wore a black suit and a top hat, and looked like an ambassador. Doña Marta, in her silk dress, looked like a noble, rich lady.

After the customary hugs and cordial greetings from Enrique's aunt and uncle, Don Andrés said, "Here is the carriage that will take us home. Now we don't have to walk."

Enrique was surprised to see his aunt and uncle so lavishly dressed and with enough money so that they could ride in a carriage, but he didn't say anything until they arrived at the house and he saw the new furniture.

"My dear aunt and uncle, I am happy to see that you have many new things. How did you manage?" the nephew asked.

"What a curious question, Enrique! Here's your telegram telling me that I won the first prize," the uncle said.

Enrique took the telegram and read it. Then he took from his pocket a copy of the telegram he had sent from Mexico City. He read it in a loud voice, "'Dear uncle. You did *not* win the first prize. I'll visit you in three weeks.' As you can see, the telegraph operator made a mistake and forgot to include the word *not* in the sentence!"

"Oh, my! What are we going to do? I owe 500 pesos to the moneylender," Don Andrés lamented.

En los días siguientes, don Andrés y doña Marta estaban muy ocupados. Primero, fueron a la mueblería. Compraron muebles nuevos para cada cuarto de su casa. Entonces visitaron al sastre y a la modista. Después, compraron sombreros y zapatos nuevos.

Como los dos eran generosos, dieron fiestas costosas para sus vecinos y sus amigos. Había bonitas piñatas para los niños; y para todos, jóvenes y viejos, había unas comidas sabrosas y mariachis que tocaban hora tras hora.

Al fin, los tíos recibieron una carta de Enrique. Él iba a llegar por tren en dos días.

Ese día los tíos se vistieron con su ropa costosa y fueron a la estación del ferrocarril. Don Andrés llevó un traje negro y un sombrero de copa, y parecía un embajador. Doña Marta, con su vestido de seda, parecía una señora rica y noble.

Después de abrazos y saludos cordiales de parte de los tíos y Enrique, don Andrés dijo:

—Aquí está el coche que va a llevarnos a casa. Ahora no tenemos que ir a pie.

Enrique estaba sorprendido de que sus tíos se vistieran con ropa tan elegante y que tuvieran dinero para ir en coche. Pero él no dijo nada hasta que llegaron a casa y vio los muebles nuevos.

—Mis queridos tíos, observo con gusto que ustedes tienen muchas cosas nuevas. ¿Cómo es posible?— dijo el sobrino.

—¡Qué pregunta curiosa, Enrique! Aquí está tu telegrama que me dice que gané el premio gordo— dijo el tío.

Enrique tomó el telegrama y lo leyó. Entonces sacó de su bolsillo una copia del telegrama que envió de la Ciudad de México. Leyó en voz alta: «Querido tío, Usted *no* ganó el premio gordo. Le visito en tres semanas.» Como ustedes ven, el telegrafista hizo un error y omitió la palabra «no» en el telegrama que llegó a Guadalajara.

—¡Ay, ay! ¿Qué vamos a hacer? Le debo quinientos pesos al prestamista— don Andrés lloró.

"Don't worry, uncle. My business is really going well these days and I'm earning a lot of money. I'll pay the money-lender and I'll give you and Aunt Marta 500 pesos more. Now, let's go celebrate by eating in the best restaurant in Guadalajara."

—No tenga usted cuidado, tío. En estos días gano mucho dinero en mis negocios. Por eso, voy a darle el dinero para el prestamista y también un regalo de quinientos pesos para usted y mi tía Marta. Ahora vamos a celebrar y comer en el mejor restaurante de Guadalajara.

English-Spanish Vocabulary

A

A.D. (*Anno Domini*), d. de J. C. (después de Cristo)
abbreviation abreviatura
about sobre; aproximadamente; acerca de
above encima
abundance abundancia
academic escolar
Acapulco puerto en la costa occidental de México
accept aceptar
accompany acompañar
according to según
across a través (de)
active activo (a)
address dirección (f.)
admiration admiración
admire admirar
adorn adornar, decorar
advanced avanzado (a)
adventure aventura
affection cariño
afraid (*to be*) (*v.*) tener miedo
again otra vez, de nuevo
against contra
age edad (f.)
agreement pacto
already ya
all todo (a)
all right está bien
almost casi
alone solo (a)
alphabet alfabeto
already ya
also también
although aunque
always siempre
ambassador embajador
among entre
ancient antiguo (a)
and y, e
angel ángel (m.)
anguish angustia; **in anguish** angustiado (a)
animal animal (m.)

anniversary aniversario
announce anunciar
anxiously ansiosamente
apparatus aparato
appear aparecer; asomarse
approach acercarse
appropriate apropiado (a)
architecture arquitectura
argument discusión (f.)
arm brazo
army ejército
arrival llegada, venida
arrive llegar
art arte (m.)
as tan, mientras, como; **as much (as)** tanto (a) (como)
ashamed (*to be*) avergonzado (a)
asleep dormido (a)
astonish sorprender, impresionar
astronaut astronauta (m. & f.)
at a; **at once** en seguida; **at the present time** actualmente
atmosphere atmósfera (m.)
attack ataque (m.)
attitude actitud (f.)
aunt tía
authority autoridad (f.)
awaken despertarse
awful terrible
Aztec azteca; tribu indígena de la región central de México

B

B.C. (before Christ) a. de J. C. (antes de Jesucristo)
backwards al revés
bag bolsa
banana plátano
bark ladrar
barometer barómetro
basilica basílica, una iglesia grande
basket cesto, canasta
battle batalla
beach playa

bead cuenta
beak pico
beam (*of light*) rayo
beans (*pl.*) frijoles
beautiful bello (a), guapo (a)
beauty belleza
because of a causa de
become hacerse, volverse
become ill enfermarse
bed cama; **go to bed** acostarse
before antes + de (*prep.*); antes
  (de) que (*conj.*); **before (the**
  presence of) ante (la presencia
  de)
begin empezar
beginning principio
behind detrás (de), atrás; tras
believe creer
bell campana
belong corresponder, pertenecer
beloved amado (a)
bench banco
beneath debajo de
besides además de
between entre
bill cuenta
bird ave; pájaro
birth nacimiento
birthday cumpleaños
biscuit bizcocho
bishop obispo
bitterly con resentimiento,
  amargamente
blank espacio en blanco
blanket tilma, cobija
bless bendecir; **May God bless**
  you! ¡Que Dios los bendiga!
blessing bendición
blouse blusa
blue azul
board (*v.*) abordar
boat barco, bote
body cuerpo
boot bota
borrow pedir prestado
boss patrón (*m.*)
bother (*v.*) molestar; atormentar
bottom fondo
bought compró
bouquet ramo

box caja
brave valiente
bravery valor (*m.*)
bray rebuznar
break (*v.*) romper
brief breve
brilliant brillante
bring traer
brought trajo, traído
brunette moreno (a)
build edificar, construir
building edificio
bunch (*of flowers*) ramo
busy ocupado
but sino; pero
buy comprar

C

cactus cacto
canoe canoa
care cuidado
cargo carga
carpet alfombra
carry llevar
carry off llevarse
catch agarrar; coger
cave cueva
cell celda
cent centavo
century siglo
certain cierto (a)
chair silla
chance oportunidad; **by**
  chance por casualidad
change (*v.*) cambiar; **change**
  into transformarse en
chapel capilla
character personaje (*m.*)
charming gracioso (a)
china poblana chica que baila el
  jarabe tapatío; traje típico de una
  región de México
chinaware porcelana
Chinese chino (a)
cirrus cirrus, tipo de nube
clay barro
clear claro (a)

clever astuto (a); vivo (a)
climb subir
cloth tela
clothes ropa
clothing ropa
coast costa
cockroach cucaracha
cocoa cacao
coconut coco
colony colonia
come venir
come along pasar
commander-in-chief comandante
  en jefe
common común
complexion tez (f.)
concerning acerca de
confused confundido (a)
congratulate felicitar
congratulations felicitaciones
conquer vencer, conquistar
conqueror conquistador
conquest conquistar
convinced convencido (a)
cookie bizcocho
copper cobre (m.)
corner rincón; esquina
Cortez, Hernán explorador
  español que llegó a México en
  1519
costly costoso (a)
cotton algodón (m.)
cough tos (f.)
count conde (m.)
country país, campo
couple par; pareja
courageous valiente
courtesy cortesía
courtyard patio
cover (n.) tapa
cover (v.) cubrir, tapar
covered cubierto (a)
cricket grillo
crocodile cocodrilo
cry llorar, gritar
Cuauhtémoc emperador azteca
cure (n.) cura
cure (v.) curar
custom costumbre (f.)
customary de costumbre

D

damage daño
damp húmedo (a)
dance baile (m.)
danger peligro
dare atreverse
dark oscuro (a)
dark haired de pelo negro
dark skinned de tez morena
day día (m.); **day after
  tomorrow** pasado mañana; **day
  before yesterday** anteayer
dead muerto (a)
death muerte (f.)
deserve merecer
design diseño
die morirse
discouraged desanimado (a),
  desalentado (a)
donkey burro
doubt duda
down abajo
draw dibujar
dress (n.) traje, vestido
dress (v.) vestir
dressed vestido (a)
dressmaker costurera (o)
drop dead caer muerto (a)
dry seco
duck pato
dwarf enano

E

each cada
eagle águila
ear oreja
early temprano
earn ganar
earthquake terremoto
East este, oriente
eastern oriental
eat up comerse
elm grove olmedo
embrace abrazar, abrazo
embraced abrazado (a)
embroidered bordado (a)

emerald esmeralda
enclose encerrar, contener
enjoy oneself divertirse
enough bastante
entrance entrada
epoch época
erect erigir
esteemed estimado (a)
every day todos los días
everybody todo el mundo
everything todo
example ejemplo
exchange cambio
exile desterrar
eye ojo

F

face cara
faint desmayarse
fall caer(se)
fall in love (*with*) enamorarse (de)
far away lejos
fault falta
fear miedo
feather pluma
feel sentir
few (*n.*) unos cuantos, algunos
field campo
fierce feroz
fight (*v.*) pelear
find (*v.*) encontrar
finish terminar
fire fuego
fireplace fogón (*m.*)
first primero (primer), (a); (*adv.*) antes
five hundred quinientos
flame llama
fly (*v.*) volar
follow seguir
following siguiente
fool tonto (a)
foolish tonto (a)
foreign extranjero
forever para siempre
forgive perdonar
fortunately afortunadamente

fortune fortuna, riqueza; suerte; ventura
forward adelante
foster adoptivo (a)
fox zorro (a)
freight carga
friar fraile, fray
friend amigo (a)
friendly amable
frightened asustado (a)
from that day on desde ese día
from time to time de vez en cuando
full lleno, pleno
fun diversión; **make fun of** burlarse de
funny divertido
further más, además

G

garden jardín (*m.*)
garments ropa, traje
genteel gentil
gentleman caballero, señor
get better mejorarse
get rid of deshacerse de
get up levantarse
gift regalo
given dado (a)
glance mirada
glazed tile azulejo vidriado
God Dios
gold oro
golden dorado (a)
good bueno (buen), (a)
goodbye adiós
grade nota
grandfather abuelo
grass hierba
gratefully con gratitud
greater mayor
green verde
greet saludar
greeting saludo
ground suelo
group grupo
grow dark oscurecer

Guadalajara la segunda ciudad de México y capital del estado de Jalisco

Guanajuato nombre de un estado de México y de su capital. Anteriormente los indios de la región lo llamaban Guanaxuato (loma de las ranas).

guess adivinar

guest invitado

gypsy gitano

H

hair cabello, pelo

hall salón; pasillo

handsome guapo

hang colgar

happen ocurrir

happily alegremente

happiness alegría

happy contento (a); **make happy** alegrar

hard duro (a)

haste prisa

hat sombrero

head cabeza

health salud (f.)

hear oír

heart corazón (m.)

hearth chimenea, fogón

heartily plenamente; con gran sinceridad

heat calor (m.)

heaven cielo

heavenly celestial

heavy pesado (a)

height altura

heir heredero

help (n.) ayuda

help (v.) ayudar

here aquí

hero héroe

hide esconder

hill colina

holy santo (a), sagrado (a)

honor (v.) honrar

hop saltar

hope (v.) esperar

horse caballo

horseback (on) a caballo

how cómo

how many? ¿cuántos (as)?

how much? ¿cuánto (a)?

however sin embargo

huge enorme

humble humilde

hundred cien, ciento

hurricane huracán (m.)

hurry (v.) apurarse

hurt (v.) hacer daño

husband esposo

hushed callado (a), silencioso (a)

hut choza; cabaña

hygrometer higrómetro, instrumento para medir el nivel de humedad

I

if si

illness enfermedad (f.)

in front of delante de

indication indicio

insect insecto

instead of en vez de

island isla

J

jarabe tapatío baile nacional de México

jarocho persona de Veracruz

jealous celoso (a)

jump (n.) brinco, salto

jump (v.) brincar, saltar

K

keep guardar; conservar, mantener

kidnap raptar

kind (*adj.*) generoso (a), amistoso
  (a); amable; (*n.*) tipo, clase
king rey
kingdom reino
kiss (*n.*) beso
kiss (*v.*) besar
know saber; conocer

L

lace encaje (*m.*)
lack falta
lady señora, dama
land tierra
language idioma (*m.*), lengua
lantern farola, linterna
last último (a)
late tarde
laugh reír
laughter risas, carcajadas
lavishly con gran generosidad, con
  gran lujo
law ley (*f.*)
lazy perezoso (a)
lean out asomarse
leap (*n.*) brinco, salto
leap (*v.*) brincar, saltar
learn aprender, llegar a saber
least el menos
leave salir, irse; dejar
left izquierda; *pretérito de* **to leave**
leg pata
legend leyenda
lend prestar
let dejar, permitir
lettuce lechuga
lie down acostarse
life vida
light (*n.*) luz (*f.*)
light (*v.*) encender
light up iluminar, alumbrar
lighthouse faro
lighthouse keeper torrero
like (*adv.*) como
like (*v.*) gustar
likeness imagen (*m.*)
line raya
lion león (*m.*)

little (*n.*) un poco
little by little poco a poco
live vivir
living room sala
lose perder
lottery lotería
loud alto (a); **in a loud voice** en
  voz alta
love (*n.*) amor (*m.*)
love (*v.*) amar, querer; **in
  love** enamorado (a)
low bajo (a)
luck suerte; ventura

M

madam señora
magic magia
magnificent magnífico (a)
make fun of burlarse de
malted milk leche malteada
manner manera
marry casarse
marvel maravilla
mass misa
master amo
match fósforo
Maya una de las tribus de los indios
  de Centroamérica y México de
  avanzada civilización
meal comida
mean (*v.*) significar
meet encontrar
meeting reunión (*f.*)
merchandise mercancía
merchant comerciante
midnight medianoche
mile milla
milpa cornfield
mine mina
minus menos
miraculously milagrosamente
mischievous travieso (a)
monarch monarca (*m.*)
money lender prestamista
monk monje
monkey mono
Montezuma emperador azteca

moon luna
mouth boca
move back retirarse
movies, movie house cine (*m.*)
much mucho (a)

N

Nahuatl náhuatl; idioma de los
   aztecas que todavía se habla en
   algunas regiones de México
name (*n.*) nombre
name (*v.*) nombrar
navigator navegante
near cerca
nearby cerca
necklace collar (*m.*)
need necesitar
neighbor vecino (a)
neither tampoco, ninguno de los
   dos
nephew sobrino
never nunca
nevertheless sin embargo
news noticia
next siguiente, próximo
niece sobrina
no no
no longer ya no
no one nadie
no sooner said than done dicho y
   hecho
noise ruido
not no
notebook cuaderno
now ahora
nowadays hoy en día, actualmente

O

obey obedecer
offer (*v.*) ofrecer
oh! ¡ay!
old antiguo (a); viejo (a)
one uno (un), (a)
once una vez

only único (a); solamente
open abrir
opposite contrario
orange blossom azahar (*m.*)
ornate ornamentado
outside fuera
owl lechuza
own propio (a)

P

pain dolor (*m.*)
pale pálido (a)
pardon (*v.*) perdonar
party fiesta
pass pasar
past pasado (a)
path sendero
patient paciente
pay pagar
peace paz (*f.*)
peacefully tranquilamente
peak pico, montaña alta
Philippines país asiático que
   consiste de 7000 islas
pick (up) (*v.*) coger, escoger
picture retrato
piece (*of furniture*) mueble
piece pedazo
pity lástima
place sitio, lugar
play (*v.*) jugar, tocar (instrumento
   musical)
pleasure gusto
port puerto
portrait retrato, imagen,
   cuadro
praise (*v.*) alabar
pray rezar
prayer oración, rezo
precede preceder
preserve conservar
pretty bonito (a), lindo (a)
previously antes, previamente
priest padre, cura
prize premio
proof prueba
proud orgulloso (a)

purse bolsa
put out (*a light*) apagar

R

rabbit conejo
race raza; carrera
raging furioso (a)
rain bucketsful llover a cántaros
raise (*v.*) levantar
ray rayo
reach (*v.*) alcanzar
ready dispuesto, listo
realize darse cuenta de
reason razón (*f.*)
red rojo (a), colorado (a)
refer referir
regret arrepentirse, sentir
reign (*v.*) reinar
relationship relación
relative pariente; relativo
resemble parecerse a
return devolver, volver, regresar
reverse revés
rhyme rima
riddle adivinanza
right (*n.*) derecho (a)
right (to be) tener razón
right away inmediatamente
ring (*v.*) sonar
river río
road camino
rod vara
rogue pícaro, villano
roof techo
rooster gallo
rosary rosario
ruby rubí (*pl.*, rubíes)
rug alfombra
ruin ruina
rule (*n.*) regla

S

sad triste
safe and sound sano y salvo

saint santa, santo
same mismo (a)
sank (*pretérito de* **to sink**) hundió
savage salvaje
save salvar
scorpion alacrán (*m.*)
scratch (*v.*) arañar
sea mar (*m. & f.*)
search (*n.*) búsqueda, busca
search (*v.*) buscar
season estación (*f.*)
seated sentado (a)
second segundo (a)
see ver
seem parecer
seen visto (a)
seize prender
selfish egoísta
sell vender
send enviar
serious serio (a)
servant criada, criado
several varios (as)
shaking (*n.*) temblor
shame vergüenza; **to be**
    ashamed tener vergüenza
shine (*v.*) brillar
shiny brillante
ship barco
shipload carga
shipment carga
shoe zapato
short bajo (a)
shout (*n.*) grito
shout (*v.*) gritar
show mostrar; señalar; indicar
shrewd astuto (a)
sick enfermo (a)
side lado
sign indicio
silk seda
silver plata
similar semejante
simple sencillo (a)
sink hundirse
sit down sentarse
size tamaño
skeleton esqueleto; calavera
skill habilidad (*f.*); arte (*m.*)
skin piel (*f.*)

skirt falda
Sleeping Beauty
  Bella Durmiente
slowly lentamente
smell (v.) oler
smile sonrisa
smoke (n.) humo
snake culebra
so así; tan
so long hasta luego
some alguno (algún), (a)
sometimes algunas veces
somewhat bastante, un tanto
song canción (f.)
songbird pájaro
soon pronto
sorry sentir
sound (v.) sonar
sound (adj.) sane; (n.) sonido
southeast sureste
speech discurso
spice especia
spring primavera
stable establo
staircase escalera
standing parado (a)
steal robar
still todavía
stoop (v.) inclinarse
storm tempestad (f.)
story historia; piso (of a building)
straight recto (a)
strange extraño (a), curioso (a)
straw mat petate (m.)
street calle
strike (v.) golpear; strike (the
  hour) dar (la hora)
stubborn obstinado (a)
successful exitoso (a)
successfully con éxito
suddenly de repente
sufficiently suficientemente
suit traje (m.)
Superman Superhombre (m.)
surprise (v.) sorprender
swallow (n.) golondrina
sweet dulce (m.)
sweetheart querido (a), novio (a)
swiftly rápidamente
sword espada

T

Tacuba región cerca de la ciudad
  de México
tail cola
tailor sastre (m.)
take care of cuidar
take charge of encargarse de
take out sacar
tall alto (a)
Tampico ciudad puerto en el Golfo
  de México
task tarea
tasty sabroso (a)
tear lágrima
tell contar, decir
temptation tentación (f.)
that ese, esa; aquel, aquella
theater teatro
theme tema (m.)
then entonces
there ahí, allí
therefore por eso, por lo tanto
thief ladrón (m.)
third tercero (a)
those esos, esas; aquellos, aquellas
throne trono
throw arrojar
throw out echar
thunder trueno
thus así
ticket billete (m.)
tie atar
tile azulejo
time vez; hora; tiempo
tired cansado (a)
title título
to a
too también; demasiado
top hat sombrero de copa
torment (v.) atormentar
toward hacia
towel toalla
tower torre (f.)
trace huella
tracks huellas
trade comercio
train tren (m.)
travel (v.) viajar
traveler viajero (a)

treasure tesoro
treat (*v.*) tratar
tree árbol (*m.*)
tremble temblar
trembling trémulo
tremor temblor
trick (*v.*) burlarse de, engañar
troops tropas
true verdadero (a)
truth verdad (*f.*)
turn (*v.*) doblar
turn off apagar
type tipo
typical típico

U

uncle tío
underline subrayar
understand entender
unite reunir
university universidad (*f.*)
untie desatar
until hasta
upon (*doing something*) al + *inf.*
use (*n.*) uso
use (*v.*) usar
useful útil
Uxmal antigua ciudad maya en Yucatán, México

V

vacation vacaciones (*f., pl*)
value valor (*m.*)
Veracruz principal puerto en el Golfo de México. Cortés lo nombró "la villa rica de la Vera Cruz"
verb verbo
victorious victorioso (a)
view vista
virgin virgen (*f.*)
visit (*n.*) visita
visit (*v.*) visitar

vocabulary vocabulario
voice voz (*f.*)
volcano volcán (*m.*)
volunteer voluntario (a)
vowel vocal (*f.*)
voyage viaje (*m.*)

W

wall pared (*f.*)
walk (*v.*) caminar, andar, pasear
war guerra
warmth calor (*m.*)
warrior guerrero
watch over velar, cuidar
wave ola
way camino
weak débil
wear vestir
weather tiempo
wedding boda
week semana
welcome (*adj.*) bienvenido (a)
welcome (*n.*) bienvenida
well (*adv.*) bien
well (*n.*) pozo
well-known conocido (a)
Western Hemisphere Nuevo Mundo
what about? ¿qué hay de?
whether si
whisper (*v.*) hablar en voz baja
white blanco (a)
wick mecha
wife esposa
wild salvaje
willing dispuesto (a)
win ganar
wind viento; **it is windy** hace viento
window ventana
wise sabio (a)
witch brujo (a)
with con
without sin
wolf lobo

wonder admiración *(f.)*
wood madera
woods bosque
word palabra
worker trabajador
world mundo
worry *(n.)* cuidado, preocupación *(f.)*
worry *(v.)* preocuparse; apurarse
worth valor *(m.);* **to be worth** valer
would rather preferiría
wrap *(v.)* envolver

Y

year año
yellow amarillo (a)
yes sí
yesterday ayer *(m.)*
yet todavía; sin embargo
you tú, Ud., Uds.; te, lo, la, los, las
your su, tu, vuestro *(posesivo)*
Yucatán península en la región sureste de México, entre el Golfo de México y el mar Caribe

Vocabulario español-inglés

All words that appear in the text are included here, except for cognates, definite articles, some pronouns, cardinal numbers and names of people, months, and days.

The following abbreviations are used:

adj., adjective   *n.*, noun
adv., adverb   *p.p.*, past participle
conj., conjunction   *pl.*, plural
dim., diminutive   *prep.*, preposition
f., feminine   *pres. p.*, present participle
irreg., irregular   *pron.*, pronoun
m., masculine   *sing.*, singular

Gender is shown for all nouns, except masculine nouns that end in **-o,** feminine nouns that end in **-a,** or nouns referring to male or female beings. Irregular verbs are marked with (*irreg.*). Stem-changing verbs have the change indicated in parentheses: **cerrar (ie), contar (ue), pedir (i).** Verbs like **conocer** have (**-zco**) in parentheses. Verbs like **construir** have (**-uyo**) in parentheses. Verbs ending in **-eer** are conjugated like **creer.**

A

a to, at, in, on, by
abajo down, low, bottom
abrazado (*p.p.*) in embrace
abrazar (c) to embrace
abrazo embrace
abreviatura abbreviation
abrir to open
abuelo grandfather
abundancia abundance
Acapulco port on the West coast of Mexico
aceptar to accept
acerca de about, concerning

acercarse (qu) (a) to approach
acompañar to accompany
acostarse (ue) to go to bed, to lie down
actitud (*f.*) attitude
activo, -a (*adj.*) active
actualmente today, at the present time
a. de J. C. (antes de Jesucristo) before Christ
adelante forward; **en adelante** henceforth
además (*adv.*) besides; **además de** (*prep.*) besides
adiós goodbye

adivinanza riddle
adivinar to guess
adjetivo adjective
admiración (*f.*) admiration, wonder
admirar to admire
adoptivo, -a (*adj.*) foster; **padres adoptivos** foster parents
adornar to adorn
afortunadamente fortunately
agarrar to catch, pick up
águila eagle
ahí there
ahora now
al (a + el) to the, at the
al + inf. upon doing something
alabar to praise
alacrán (*m.*) scorpion
alcanzar (c) to reach
alegrar to make happy
alegre (*adj.*) happy
alegremente happily
alegría happiness, joy
alfabeto alphabet
alfombra carpet, rug
algodón (*m.*) cotton
alguno (algún), -a (*adj.*) some, any
alto, -a (*adj.*) high; loud (of a voice); **en voz alta** out loud, in a loud voice
altura height
alumbrar to light up
allí there
amable (*adj.*) kind, friendly
amado, -a (*adj.*) loved, beloved
amar to love
amargamente bitterly
amarillo, -a (*adj.*) yellow
amigo, -a friend
amiguito, -a little friend
amo master
andar (*irreg.*) to walk
ángel (*m.*) angel
angustiado, -a (*adj.*) in anguish
animalito little animal
aniversario anniversary
ante (*prep.*) before, in the presence of
anteayer day before yesterday
anterior (*adj.*) previous, before

antes (*adv.*) first, before, previously; **antes + de** (*prep.*) before; **antes (de) que** (*conj.*) before
antiguo, -a (*adj.*) old, ancient
anunciar to announce
año year
apagar (gu) to put out, turn off
aparato apparatus
aparecer (-zco) to appear
apropiado, -a (*adj.*) appropriate
apurarse to worry
aquel, aquella, aquellos, aquellas (*adj.*) that, those (over there)
aquí here
arañar to scratch
árbol (*m.*) tree
arquitectura architecture
arriba above, over, up
arrojar to throw
arte (*f.*) art, skill
así thus, so
asomar to show, let show, stick out, lean out, appear
asombrar to astonish, surprise; **asombrado, -a** (*p.p.*) surprised
astronauta (*m.*) astronaut
astuto, -a (*adj.*) shrewd, clever
ataque (*m.*) attack
atar to tie; **atado, -a** (*p.p.*) tied
atmósfera atmosphere
atormentar to torment, bother
atrás back (ward), behind
atreverse (a) to dare
aunque although
autoridad (*f.*) authority
avanzado, -a (*adj.* & *p.p.*) advanced
ave (*f.*) bird
aventura adventure
¡ay! oh!
ayer yesterday
ayuda help
ayudar (a) to help
azahar (*m.*) orange or lemon blossom(s)
azteca (*m.* & *f.*) (*adj.*) Aztec, an Indian tribe of central Mexico
azul blue
azulejo glazed tile

B

baile (*m.*) dance
bajo, -a (*adj.*) low, short
banco bench
barco boat, ship
barómetro barometer
barro clay
basílica basilica, large and
magnificent church
bastante enough, rather,
somewhat
batalla battle
belleza beauty
bello, -a (*adj.*) beautiful; **Bella
Durmiente** Sleeping Beauty
bendecir (i, j) to bless; **¡Qué Dios
los bendiga!** May God bless you!
bendición (*f.*) blessing
besar to kiss
beso kiss
bien well; **está bien** all right
bienvenida welcome
bienvenido, -a (*adj.*) welcome
billete (*m.*) ticket
bizcocho biscuit, cookie
blanco, -a (*adj.*) white; **en blanco**
blank
blusa blouse
boca mouth
boda wedding
bolsa bag, purse
bonito, -a (*adj.*) pretty
bordado, -a (*adj.*) (*p.p.*)
embroidered
bosque (*m.*) woods
bota boot
bote (*m.*) boat
brazo arm
brillante (*adj.*) brilliant
brillar to shine
brincar (qu) to jump, leap
brinco jump, leap
bruja witch
bueno (buen), -a (*adj.*) good,
fine
burlarse de to make fun of, to
trick
burro donkey, burro; **burrito** little
burro

busca search
buscar (qu) to look for; **busque
usted** look for

C

caballero gentleman
caballo horse; **a caballo** on
horseback
cabaña hut
cabello hair
cabeza head
cacao cocoa (plant and product)
cacto cactus
cada each
caer (*irreg.*) to fall; **cayó** fell
caja box; **cajita** small box
calor (*m.*) heat, warmth; **tener
calor** to be (feel) warm; **hacer
calor** to be warm, hot (weather)
calle (*f.*) street
cama bed
cambiar to change
cambio change, exchange; **en
cambio** on the other hand
caminar to walk
camino road, way
campana bell
campo field, country (opposite of
city)
canción (*f.*) song
canoa canoe
cansado, -a (*adj.*) tired
cantar to sing
cantando (*pres. p.*) singing
capilla chapel
capital (*f.*) capital (city)
capitán (*m.*) captain
capturar to capture; **capturado, -a**
(*p.p.*) captured
cara face
carcajada hearty laughter; **reírse a
carcajadas** to laugh heartily
carga freight, cargo
cargamento cargo, shipment
cariño affection
carrera race
carta letter

casa house, home; **a casa** home;
en **casa** at home
casar(se) con to marry
casi almost
casita little house
catedral (*f.*) cathedral
católico, -a (*adj.*) Catholic
causa cause; **a causa de** because
of
causar to cause
celda cell
celebrar to celebrate
celoso, -a (*adj.*) jealous
celestial (*adj.*) celestial,
heavenly
centavo cent
centro center
cerca (*adv.*) near, nearby; **cerca de**
(*prep.*) near
ceremonia ceremony
cerrar (ie) to close; **cerrado, -a**
(*p.p.*) closed
cesto large basket
chimenea chimney, hearth
china poblana girl who dances *el
jarabe tapatío*; costume worn by
girl
chino, -a (*adj.*) Chinese
cielo sky, heaven
científico, -a (*adj.*) scientific
ciento (cien) one hundred
cierto, -a (*adj.*) certain
címbalo small bell
cine (*m.*) movies, movie house
cirrus cirrus (name given to
certain type of clouds)
ciudad (*f.*) city
civilización (*f.*) civilization
claro, -a (*adj.*) clear
clase (*f.*) class, classroom,
kind
cobre (*m.*) copper
cocina kitchen
coco coconut
cocodrilo crocodile
coche (*m.*) coach, car
cola tail
colgar (ue) to hang (up)
colina hill
colonia colony

colorado, -a (*adj.*) red
columna column
collar (*m.*) collar, necklace
comandante en jefe (*m.*)
commander in chief
comentar to comment
comenzar (ie) to begin
comer to eat
comerse to eat up
comercial (*adj.*) commercial
comerciante (*m.*) merchant
comercio commerce, trade
comida food, meal
como as, like
¿cómo? how?, what?
compañero, -a companion
comprar to buy; **compré** I bought
común common; **nombre común**
common name
con with
conde (*m.*) count
conducta conduct
conejo rabbit; **conejito** little
rabbit
confesión (*f.*) confession
confundido, -a (*adj.*) confused
confuso, -a (*adj.*) confused
conmigo with me
conocer (-zco) to know (a person);
conocido, -a (*p.p.* & *adj.*) well-
known
conquista conquest
conquistador conqueror
conservar to keep, preserve
consistir (en) to consist (of)
construir (-uyo) to construct
contar (ue) to tell, count
contento, -a (*adj.*) content(ed),
happy
contestar to answer
continente (*m.*) continent
continuar (-úo) to continue
contra against
contrario contrary, opposite; **al
contrario** on the contrary
convencido, -a (*adj.*) convinced
cooperar to cooperate
copiar to copy
corazón (*m.*) heart
correcto, -a (*adj.*) correct

correr to run; **corriendo** (*pres. p.*)
  running
corresponder to correspond,
  belong to
Cortés, Hernán Spanish explorer
  who arrived in Mexico in 1519
cortesía courtesy
cosa thing
costa coast
costar (ue) to cost
costoso, -a (*adj.*) costly
costumbre (*f.*) custom
coyote (*m.*) coyote, a kind of wolf
crecer (-zco) to grow
creer (*irreg.*) to believe, think;
  creo que no (sí) I believe not
  (so)
criado, -a servant
cuaderno notebook
¿cuál? which (one)?, what?
cuando when; **de cuando en
  cuando** from time to time
¿cuándo? when?
cuanto, -a (*adj.*) all, all that; **en
  cuanto a** as for, as to
¿cuánto? how much?, (*pl.*) how
  many?
cuarto room
Cuauhtémoc Aztec emperor
cubierto, -a (*adj.*) (*p.p.*) (of *cubrir*)
  covered
cubrir to cover
cucaracha cockroach
cuenta bead, bill; **darse cuenta de**
  to realize
cuento story
cuerda cord
cuerpo body
cueva cave
cuidado care, worry; **no tenga
  usted cuidado** don't worry;
  ¡cuidado! look out!
cuidar to take care
culebra snake
cultura culture
cumpleaños (*m.*) birthday
cura (*m.*) priest
curar to cure
curiosidad (*f.*) curiosity
curioso, -a (*adj.*) curious, strange

D

dado, -a (*adj.*) (*p.p.*) given
dama lady
daño hurt, damage; **hacer daño a**
  to hurt
dar (*irreg.*) to give, strike (the
  hour); **darse cuenta de** to realize
de of, from, with, by, about, than
  (before a numeral)
debajo (de) under, beneath
deber to owe, ought, should
débil (*adj.*) weak
decidir to decide
decir (*irreg.*) to say, tell; **se dice** it
  is said; **dile** tell him; **diciendo**
  (*pres. p.*) saying
decisión (*f.*) decision
decorar to adorn; **decorado, -a**
  (*p.p. & adj.*) adorned
d. de J. C., después de Jesucristo
  after Christ
dedicar (qu) to dedicate; **dedicado,
  -a** (*p.p.*) dedicated
dejar to leave, let; **dejar de** to
  stop
del (de + el) of the, from the
delante (de) in front of, before
delicioso, -a (*adj.*) delicious
demostrar (ue) to show
dentista (*m.*) dentist
dentro (*adv.*) inside, within;
  dentro de (*prep.*) inside of
derecha right
derecho, -a (*adj.*) right; **a la
  derecha** to (on) the right
desanimado, -a (*adj.*) discouraged
desaparecer (-zco) to disappear
desastre (*m.*) disaster
desatar to untie
descansar to rest; **descansando**
  (*pres. p.*) resting
descendiente (*m. & f.*) descendant
desconocido, -a (*adj.*) unknown
descubrir to discover
desde from, since
desear to desire, wish, want
desgraciadamente unfortunately
desmayarse to faint
despacio slow, slowly

despertar(se) (ie) to wake up
después *(adv.)* afterwards, then, later; **después de** *(prep.)* after
desterrar (ie) to exile, banish
destino destination
detective *(m. & f.)* detective
detrás *(adv.)* behind; **detrás de** behind, in back of
devolver (ue) to return, give back
día *(m.)* day; **al día siguiente** on the following day; **de día** by day; **hoy día** nowadays; **el día de hoy** nowadays; **día de santo** birthday; **día de fiesta** holiday
diamante *(m.)* diamond
dibujar to draw
dicho, -a *(p.p.)* said; **dicho y hecho** no sooner said than done
difícil *(adj.)* difficult
difícilmente *(adv.)* with difficulty
dificultad *(f.)* difficulty
dignidad *(f.)* dignity
dinero money
Dios God; **dios, -a** a god, goddess
dirección *(f.)* direction, address
discusión *(f.)* discussion, argument
discurso speech; **pronunciar un discurso** to make a speech
discutir to discuss
diseño design
dispuesto, -a *(adj.)* ready
distinguido, -a *(adj.)* distinguished
divertir(se) (ie, i) to amuse oneself
divino, -a *(adj.)* divine
doblar to turn
dolor *(m.)* pain
don title used before a man's first name
donde where; **¿dónde?** where?; **¿adónde?** where?
doña title used before a woman's first name
dorado, -a *(adj.)* golden
dormido, -a *(adj.)* *(p.p.)* asleep, sleeping; **durmiendo** *(pres.p.)* sleeping
dormir (ue) to sleep; **dormirse** to fall asleep; **Bella Durmiente** Sleeping Beauty
duda doubt

dulce *(adj.)* sweet
durante during
duro, -a *(adj.)* hard

E

e and (in place of **y** before a word beginning with *i* or *hi*)
echar to throw (out)
edad *(f.)* age
edificar (qu) to build; **que edifique** that he build
edificio building
egoísta *(adj.)* selfish
ejemplo example
ejército army
él he, him, it (object of a preposition)
elegante *(adj.)* elegant
ella she, her, it (object of a preposition)
ellos, -as they, them
embajador *(m.)* ambassador
emperador *(m.)* emperor
empezar (ie) to begin
en in, on, at
enamorado, -a (de) *(adj.)* in love (with)
enamorarse (de) to fall in love (with)
enano, -a dwarf
encaje *(m.)* lace
encargarse (de) (gu) to take charge of
encender (ie) to light
encerrar (ie) to enclose, contain
encima on top of, above
encontrar (ue) to find, meet
enemigo, -a enemy
enfermarse to become ill
enfermedad *(f.)* illness
enfermo, -a *(adj.)* sick, ill; **el enfermo, la enferma** *(n.)* sick person
enojado, -a *(adj.)* angry
enseñar to teach
entender (ie) to understand
entero, -a *(adj.)* entire, whole

entonces then
entrada entrance
entrar (en or **a)** to enter
entre between, among
entusiasmo enthusiasm
enviar to send; **envió** he sent
envolver (ue) to wrap (up);
  envuelto, -a (*p.p.*) wrapped (up)
época epoch, period
erigir (j) to erect
era, eran (ser) was, were
escalera staircase
escolar (*adj.*) academic
esconder to hide; **escondido, -a**
  (*p.p.*) hidden
escribir to write
escrito, -a (*adj.*) (*p.p.*) written
ese, esa (*adj.*) that (near you);
  esos, esas those; **ése, ésa, ésos,**
  ésas (*pron.*) that one, those
esforzado, -a (*adj.*) courageous
esmeralda emerald
eso that (in general); **por eso**
  therefore, that's why
espacio space
espada sword
España Spain; **Nueva España**
  name given to Mexico during
  colonial period
español, -a (*adj.*) Spanish; **español**
  (*n.*) Spaniard
especia spice
especialmente (*adv.*) especially
esperar to hope, wait (for), expect
esposa wife
esposo husband
esqueleto skeleton
esquina (street) corner
establecer to establish
establo stable
estación (*f.*) season, station
estado state; **Estados Unidos**
  (EE.UU.) United States (USA)
estar (*irreg.*) to be; **estaba, estuvo**
  he (she) was
estatua statue
este, esta (*adj.*) this; **estos, estas**
  these; **éste, ésta, éstos, éstas**
  (*pron.*) this one, these; the latter
este (*m.*) east

estimado, -a (*adj.*) esteemed
estudiante (*m.* & *f.*) student
estudiar to study
estúpido, -a (*adj.*) stupid
Europa Europe
evidente (*adj.*) evident
examen (*m.*) examination
exclamar to exclaim
existencia existence
existir to exist; **existió** she existed
explicar (qu) to explain
explorador (*m.*) explorer
expresión (*f.*) expression
extranjero, -a (*adj.*) foreign
extraño, -a (*adj.*) strange

F

fácil (*adj.*) easy; **fácilmente** easily
falda skirt
falta fault, lack
faltar to be lacking
familia family
famoso, -a (*adj.*) famous
fantástico, -a (*adj.*) fantastic
faro lighthouse
farola large light or lantern
favor (*m.*) favor; **haga el favor de**
  please . . . ; **por favor** please
federal federal
felicitación (*f.*) congratulation(s)
felicitar to congratulate
feliz (*adj.*) happy
felizmente happily
feo, -a (*adj.*) ugly
ferrocarril (*m.*) railroad
fiesta celebration, festival; **día de**
  fiesta holiday
fijarse (en) to pay attention, notice
figura figure
Filipinas Philippines, a Republic of
  some 7,000 islands, SE of China
filial pertaining to son or daughter
fin (*m.*) end; **al fin** finally,
  at last
finalmente (*adv.*) finally
fino, -a (*adj.*) fine
flor (*f.*) flower

floresta wooded place
fogón *(m.)* hearth, fireplace
fondo bottom
forma form
formar to form
fortuna fortune
fósforo match
fragante *(adj.)* fragrant
fraile *(m.)* friar, monk
frase *(f.)* sentence, phrase
fray *(m.)* friar
frijoles *(m., pl.)* beans
frío, -a *(adj.)* cold; tener *(irreg.)*
  frío to be or feel cold; hacer frío
  to be cold (weather)
fruta fruit
fuego fire
fuera outside
fuerte *(adj.)* hard, loud, strong,
  severe
fundar to found, establish; fue
  fundado, -a was founded
furioso, -a *(adj.)* furious, raging

G

gallo rooster
ganar to earn, win, gain; gané
  I won
gatito, -a kitten
gato cat
generalmente generally
generoso, -a *(adj.)* generous
gente *(f.)* people
gentil *(adj.)* genteel
gitano, -a gypsy
golondrina swallow (bird)
golpear to strike
gordo, -a *(adj.)* fat; premio gordo
  first prize
gozar (de) (c) to enjoy
gracias thanks, thank you
gracioso, -a *(adj.)* gracious,
  charming
grande (gran) *(adj.)* large, great,
  big
gratitud *(f.)* gratitude
grave *(adj.)* grave, serious

grillo cricket
gritar to shout
grito shout
grupo group
Guadalajara second city of Mexic
  and capital of Jalisco
Guanajuato state of Mexico and
  its capital, originally called
  Guanaxuato (Hill of the Frogs) b
  the Tarascan Indians who first
  inhabited it
guapo, -a *(adj.)* handsome, pretty
guardar to guard, keep; guardar
  silencio keep silence
guerra war
guerrero warrior
gustar to like, please
gusto pleasure; con mucho gusto
  with much pleasure, gladly

H

haber *(irreg.)* (auxiliary verb) to
  have; hay there is, there are;
  había there was, there were
habla española Spanish-speaking
hablar to speak
hacer *(irreg.)* to do, make; hace
  (+ expression of time) ago;
  hacerse to become; que hagas
  daño that you might hurt; hizo
  he did; haciendo doing
hacia *(prep.)* toward
hallar to find; se halla is found
hamburguesa hamburger
hasta *(prep.)* until, up to; hasta
  (adv.) even; hasta que *(conj.)*
  until
hay there is, there are
hecho, -a *(p.p.)* done, made
heredero, -a heir
hermano brother
hermoso, -a *(adj.)* beautiful
héroe *(m.)* hero
hierba grass
higrómetro hygrometer, an
  instrument for measuring the
  degree of moisture

hija daughter; **hijita** little
daughter
hijo son; **hijos** (*pl.*) sons, children
hispanoamericano, -a (*adj.*)
Spanish-American
historia history
historiador (*m.*) historian
hoguera fire
hombre (*m.*) man
honrar to honor
hora hour
hoy today; **hoy día** nowadays
huella trace
huevo egg
húmedo, -a (*adj.*) damp
humilde (*adj.*) humble
humo smoke
humor (*m.*) humor
hundir(se) to sink
huracán (*m.*) hurricane

industrioso, -a (*adj.*) industrious
infinitivo infinitive
inmediatamente (*adv.*)
immediately
inmenso, -a (*adj.*) immense
inmortal (*adj.*) immortal
insecto insect
instante (*m.*) instant; **al instante**
instantly, right away
inteligente (*adj.*) intelligent
interesante (*adj.*) interesting
interés (*m.*) interest
interrumpir to interrupt
invención (*f.*) invention
invitado, -a guest
invitar to invite; **invitado, -a** (*p.p.*
& *adj.*) invited
ir (*irreg.*) to go; **irse** to go away; **ir
a** to go to, to be going to;
vámonos let's go (away)
isla island
izquierdo, -a left

I

idioma (*m.*) language
iglesia church
ignorante (*adj.*) ignorant, stupid
igual equal, same
iluminar to light up
ilustre (*adj.*) illustrious
imagen (*f.*) likeness, figure,
image
imaginar(se) to imagine
impaciencia impatience
impaciente (*adj.*) impatient
implorar to implore
importante important
importar to matter, to be
important; **no importa** it doesn't
matter
imposible (*adj.*) impossible
inclinarse to stoop
inconveniente (*adj.*) inconvenient
indicar to indicate; **indique**
indicate
indicativo indicative; **presente
indicativo** present indicative
indicio indication, sign
indio, -a (*adj.*) (*n.*) Indian

J

jarabe tapatío national dance of
Mexico
jardín (*m.*) garden
jarocho person from Veracruz
jefe (*m.*) chief, leader
joven (*adj.*) (*pl.* jóvenes) young;
joven (*n.*) young person
joya jewel
jugar (ue) to play (a game)
junto, -a (*adj.*) (usually *pl.*)
together; **junto a** (*prep.*) next to,
near

L

la the (*f. sing.*), her, it (object of a
verb)
lado side
ladrar to bark; **ladraban** were
barking
ladrón (*m.*) thief

lágrima tear (crying)
lago lake
largo, -a *(adj.)* long (not large!)
lástima pity; **¡qué lástima!** what a pity!
le him, you (Ud.) (direct object of a verb); **le** to him, to her, to it, to you (indirect object of a verb
leche *(f.)* milk; **leche malteada** malted milk
lecho *(m.)* bed
lechuga lettuce
lechuza owl
leer *(irreg.)* to read
lejos *(adv.)* far, far away; **lejos de** *(prep.)* far from
lentamente slowly
león *(m.)* lion
levantar to raise; **levantarse** to get up
ley *(f.)* law
leyenda legend
lindo, -a *(adj.)* pretty, beautiful
línea line
listo, -a *(adj.)* ready
llama flame
llamar to call, name; **llamarse** to be called or named
llegar (gu) to arrive; **llegar a ser** to become; **al llegar** upon (on) arriving; **llegando** *(pres. p.)* arriving
llevar to take, carry, wear; **llevarse** to carry off; **llevado, -a** *(p.p.)* taken
llorar to cry; **llorando** *(pres. p.)* crying
llover (ue) to rain; **llover a cántaros** to rain bucketsful; **lloviendo** *(pres. p.)* raining
lluvia rain
lo him, it, you (Ud.) (direct object of a verb); **lo que** what
lobo wolf
loco, -a *(adj.)* crazy, mad
los the (m. pl.), them (direct object of a verb)
lotería lottery

luego *(adv.)* then; **hasta luego** so long
luna moon
luz *(f.)* light

M

madera wood
madre *(f.)* mother
maestro, -a teacher
magia magic
mágico, -a *(adj.)* magic
magnífico, -a *(adj.)* magnificent
majestad *(f.)* majesty
mal *(adv.)* badly; **mal** *(adj.)* (before a *m. sing.* noun) bad
malo (mal), -a *(adj.)* bad
mamá mama, mother; **mamacita** dear mother
mandar to send, order
manecilla hand (of a clock)
manera way, manner
Manila port city and former capital of the Philippines
mano *(f.)* hand; **manecita** little hand
manta blanket
mañana *(adv.)* tomorrow; **mañana** *(n.)* morning
mapa *(m.)* map
mar *(m. & f.)* sea
maravilla marvel
maravilloso, -a *(adj.)* marvelous
mariachis *(m.)* bands of musicians
marinero sailor
más more, most
matar to kill
maternal pertaining to mother, maternal
maya *(m. or f.)* Maya; **maya** *(adj.)* Mayan, one of a tribe of Central American and Mexican Indians having an advanced civilization
mayor greater, greatest
medianoche *(f.)* midnight
medicina medicine
médico doctor
medio, -a *(adj.)* half

meditación (*f.*) meditation
mejor better, best
mejorar to improve, get better
melodioso, -a (*adj.*) melodious
memoria memory
menor smaller, smallest; **el menor** least
menos less, least, minus, except
mercancía (often *pl.*) merchandise
merecer (**-zco**) to deserve
mes (*m.*) month
mesa table
metal (*m.*) metal
meteorológico, -a meteorological
meteorólogo (*m.*) meteorologist
mexicano, -a (*adj.*) (*n.*) Mexican
mi(s) my
mí me, object of a *prep.*
miedo fear; **tener miedo (a)** to be afraid (of); **no tengas miedo** do not be afraid
mientras (que) (*conj.*) while; **mientras tanto** meanwhile
mil a thousand
milagrosamente (*adv.*) miraculously
milla mile
milpa an area of land
mina mine (gold, silver, etc.)
minuto minute
mío, mía, míos, mías mine, of mine
mirada glance, look
mirar to look (at)
misa mass (church)
mismo, -a (*adj.*) same, self, very
misterio mystery
Moctezuma Aztec emperor
moderno, -a (*adj.*) modern
modesto, -a (*adj.*) modest
modista dressmaker
momento moment
monarca (*m.*) monarch, king
monasterio monastery
mono monkey
montaña mountain
moreno, -a (*adj.*) brunette, dark-haired or -complexioned

morir(se) (**ue, u**) to die; **se murió** died
mover(se) (**ue**) to move
movimiento activity
muchacha girl
muchísimo, -a (*adj.*) very much; **muchísimos** (*pl.*) a great many; **muchísimo** (*adv.*) a great deal
mucho, -a (*adj.*) much; **muchos** (*pl.*) many; **mucho** (*adv.*) very much
mueble (*m.*) piece of furniture; **muebles** (*pl.*) furniture
mueblería furniture store
muerte (*f.*) death
muerto, -a (*adj. & p.p.*) dead
mujer (*f.*) woman
mundo world; **todo el mundo** everybody
música music
muy very

N

nacimiento birth
nada nothing, not at all; **nada** (with a negative) anything; **de nada** you are welcome
nadie nobody, no one
náhuatl (*n.*) Nahuatl; language of the Aztecs, still spoken in some regions in Mexico
natalicio birthday
navegante (*m.*) navigator
necesario, -a (*adj.*) necessary
necesitar to need
negocio business; **negocios** (*pl.*) business
negro, -a (*adj.*) black
nervioso, -a (*adj.*) nervous
ni neither, nor, not even
nido nest
nieve (*f.*) snow
nilón (*m.*) nylon
ningún, ninguno, -a (*adj. & pron.*) no, none (not used often in plural)
niña girl, child

niño boy, child
noche (*f.*) night, evening
nombrar to name
nombre (*m.*) name; **nombre
propio** proper name
norte (*m.*) north
norteamericano, -a North
American
nosotros, -a we; **nosotros** us,
ourselves (object of a *prep.*)
nota note, grade
notar to note
noticia piece of news, (*pl.*) news
novio, -a sweetheart
nube (*f.*) cloud
**nuestro, nuestra, nuestros,
nuestras** our, of ours
nuevo, -a (*adj.*) new
Nuevo Mundo Western
Hemisphere
nunca never

O

o or
obedecer (-zco) to obey
obediente (*adj.*) obedient
obispo bishop
observación (*f.*) observation
observar to observe
obstinado, -a (*adj.*) obstinate,
stubborn
océano ocean
ocupación (*f.*) occupation
ocupado, -a (*adj.*) busy
ofrecer (-zco) to offer
oír (*irreg.*) to hear
ojo eye
ola wave (of ocean)
oler (hue) (a) to smell (of); **huele**
he smells
olmedo, -a elm grove
olmo elm tree
omitir to omit
orar to pray
orden (*m.*) order, orderliness;
orden (*f.*) order, command
oreja (outer) ear

orgulloso, -a (*adj.*) proud
oriental eastern
oriente (*m.*) the Orient, the
East
origen (*m.*) origin
oro gold
oscurecer (-zco) to grow dark;
oscurecerse to get dark
oscuridad (*f.*) darkness
oscuro, -a (*adj.*) dark
otro, -a other, another; **otra vez**
again

P

paciente (*adj.*) (*n.*) patient
pacto agreement
padre (*m.*) father, priest; **padres**
(*pl.*) parents, priests
pagar (gu) to pay
país (*m.*) country
pájaro (song) bird
palabra word
palacio palace
pálido, -a (*adj.*) pale
papá (*m.*) papa; **papacito** dear
papa
para to, for, in order to, for the
purpose of
parado, -a (*adj.*) (*p.p.*) standing
parar(se) to stop, stand
parecer (-zco) to seem; **parecerse
a** to resemble, look like
pared (*f.*) wall
pariente (*m. & f.*) relative
parte (*f.*) part; **de parte** on the
part of, on behalf of
pasado, -a (*adj.*) (*p.p.*) past, last
pasado (*n.*) past
pasar to pass, to go in, spend
(time), happen, take place
pata leg, (leg of a table, chair),
paw
patio courtyard
pato duck
patrón, patrona patron,
patroness
paz (*f.*) peace

pedazo piece
pedir (i) to ask for; pedir prestado to borrow
pedrada stoning
pegar (gu) to hit
pelear to fight
peligro danger
pelo hair
pensar (ie) to think; pensar en to think about
pequeño, -a (adj.) small
perder (ie) to lose; perdido (p.p.) lost
perdonar to pardon
perezoso, -a (adj.) lazy
perfectamente (adv.) perfectly
permiso permission
permitir to permit
pero but
persona person
personaje (m.) character, person
perrito little dog
perro dog
pesado, -a (adj.) heavy
peso monetary unit of several Spanish-American nations
petate (m.) (Mex.) grass mat that serves the Indian as a bed
pícaro, -a (adj.) roguish; (n.) rogue, rascal
pico beak, peak; sombrero de tres picos three-cornered hat
pie (m.) foot; a pie on foot
piedra stone
piel (f.) skin
pillete (m.) little scamp
pintado, -a (adj.) (p.p.) painted
piñata decorated jar of sweetmeats hung from the ceiling and broken by a blindfolded person, using a cane or stick
pirámide (f.) pyramid
pirata (m.) pirate
piso floor, story (of a house)
planta plant
plata silver
plátano banana
playa beach
pleno, -a (adj.) full
pluma feather

población (f.) population, town, city
poblano, -a (adj.) Pueblan, of or from the city of Puebla; (n.) Pueblan, inhabitant of Puebla
pobre (adj.) poor
poco, -a (adj.) little (in amount); poco a poco little by little; pocos, -as (pl.) few
poder (irreg.) to be able, can
policía (m. & f.) policeman, policewoman
pollo chicken
poner (irreg.) to put, place; ponerse to put on, become
por by, for, through, along; por encima above; por eso therefore, that's why; por la tarde in (or during) the afternoon
porcelana porcelain, chinaware
porque because
¿por qué? why?
posesión (f.) possession
posible (adj.) possible
pozo well
preceder (a) to go before, precede
precio price
precioso, -a (adj.) precious
preferir (ie) to prefer
pregunta question
preguntar to ask
premio prize; premio gordo first prize
prender to take, seize
preparar to prepare; preparado, -a (p.p.) (adj.) prepared; preparando (pres. p.) preparing
preposición (f.) preposition
presencia presence
presente present; presente indicativo present indicative
prestamista (m. & f.) money lender
prestar to lend; pedir prestado to borrow
primavera spring
primero (primer), -a (adj.) first
princesa princess

príncipe (*m.*) prince
principio beginning; **al principio**
at the beginning
prisa haste; **de prisa** quickly,
hurriedly
probablemente probably
problema (*m.*) problem
producir (**-zco**) to produce
profecía prophecy
profesión (*f.*) profession
profesor, -a teacher, professor
profundamente profoundly
prometer to promise
pronto soon, right away
pronunciar to pronounce;
pronunciar discursos to make
speeches
propio, -a (*adj.*) (one's) own
próspero, -a (*adj.*) prosperous
provincia province
próximo, -a (*adj.*) next, coming
prueba proof
Puebla capital of the state of Puebla
pueblo town, people
puerta door
puerto port
pues for, well, then; **pues bien**
very well, well then
puesto, -a (*p.p.*) put

Q

que that, which, who, whom,
than; **lo que** what, that,
which
¿qué? what?, how?, which?
quedar to be left; **quedaba,**
quedaban remained
quemar(se) to burn (up)
querer (*irreg.*) to want, like, love;
querer decir to mean; **(él, ella,**
usted) quería (he, she, you)
wished, wanted
querido, -a (*adj.*) beloved, dear
quién (*pron.*) who; **quiénes** (*pl.*)
who; **¿quién(es)?** who?, whom?
quieto, -a (*adj.*) quiet
quinientos, -as five hundred

R

ramo bouquet, bunch (of flowers)
rápidamente (*adv.*) rapidly
raptar to kidnap
raya line
rayo ray, beam
razón (*f.*) reason; **tener razón** to
be right
rebuznar to bray
recibir to receive
recobrar to recover
recoger (**j**) to pick up
recordar (**ue**) to remember
recto, -a (*adj.*) straight
redondo, -a (*adj.*) round
referir (*irreg.*) to refer
refresco refreshment, a cool drink
regalo gift
región (*f.*) region
regla rule
regresar to return
reinar to reign
reino kingdom
reír (**i**) to laugh; **reírse de** to
laugh at; **reír a carcajadas** to
laugh heartily
relación (*f.*) relationship
reloj (*m.*) clock, watch
repente, de suddenly
representar to represent
república republic
residencia residence
resistir to resist
resolver (**ue**) to solve, resolve
respeto respect, attention
responder to answer, respond
restaurante (*m.*) restaurant
retirar(se) to retire, leave; move
back
retrato picture
reunión (*f.*) reunion, meeting
reunir(se) to unite, reunite;
reunido, -a (*p.p.*) united
reverencia reverence
revés (*m.*) back, reverse, backwards
rey (*m.*) king
rezar (**c**) to pray; **rezando**
(*pres. p.*) praying
ricamente richly

rico, -a (*adj.*) rich
rima rhyme
rincón (*m.*) corner (of a room)
río river
robar to rob, steal, kidnap
roca rock
rogar (ue) to beg
rojo, -a (*adj.*) red
romper to break
ropa clothing, clothes; garment(s)
rosa rose
rosario rosary
rubí (*m.*) ruby
ruido noise
ruina ruin

S

saber (*irreg.*) to know, learn of
sabio, -a (*adj.*) wise
sabroso, -a (*adj.*) tasty, delicious
sacar (qu) to take out
sacerdote (*m.*) priest
saco sack, bag
sacrificio sacrifice
sala living room
salir (*irreg.*) to leave, come (go)
 out; **ha salido** he (she) has come
 out, left
salón (*m.*) living room, hall
saltar to hop; **saltando** (*pres. p.*)
 hopping
salud (*f.*) health
saludar to greet
saludo greeting
salvaje (*adj.*) savage, wild
salvar to save; **ha salvado** he, she
 has saved
salvo, -a (*adj.*) safe; **sano y salvo**
 safe and sound
sano, -a (*adj.*) sound, healthy,
 well; **sano y salvo** safe and sound
santo, -a (*adj.*) holy
santo (*n.*) saint
sarape (*m.*) (Mex.) blanket (with
 a slit for the head)
sastre (*m.*) tailor
satisfecho, -a (*p.p.*) satisfied

seco, -a (*adj.*) dry
seda silk
seguida, en at once, immediately
seguir (i) (*irreg.*) to follow
según according to, as
segundo, -a (*adj.*) second
semana week
semejante (*adj.*) similar
sencillo, -a (*adj.*) simple
sendero path
sentado, -a (*adj.*) (*p.p.*) seated,
 sitting (down)
sentarse (ie) to sit down
sentir (ie, i) to feel, be sorry
señor (abbrev. Sr.) sir, Mr.,
 gentleman
señora (abbrev. Sra.) madam,
 Mrs., lady
ser (*irreg.*) to be; **fue** it was; **sé** be
serio, -a (*adj.*) serious
servir (i) to serve
si if, whether
sí yes; **sí** (*pron.*) himself, herself,
 itself, yourself, yourselves,
 themselves (object of a
 preposition)
siempre always; **para siempre**
 forever
siglo century
significar to mean
siguiente (*adj.*) following, next; **al
 día siguiente** on the following
 day
silencio silence
silla chair
simpático, -a (*adj.*) nice,
 pleasant
sin without; **sin embargo**
 nevertheless, however
sino but (on the contrary)
sitio place
sobre (up) on, about
sobrino nephew
sol (*m.*) sun
solamente (*adv.*) only
soldado soldier
solo, -a (*adj.*) alone, single
sólo (*adv.*) only
sombrero hat
sonar (ue) to sound, ring

sonido sound
sonrisa smile
sorprendido, -a *(adj.) (p.p.)*
  surprised
sorpresa surprise
su(s) his, her, your (de Ud. or de
  Uds.), their
subir (a) to go up, climb, board
subrayar to underline
suelo floor, earth, ground
suerte *(f.)* luck
suficientemente *(adv.)* sufficiently
sufrir to suffer
Superhombre Superman
supuesto, por of course
sur *(m.)* south
sureste *(m.)* southeast
sustantivo noun
suyo, -a, -os, -as his, hers, yours,
  theirs

T

Tacuba region near Mexico City
tamaño size
Tampico port city on the Gulf of
  Mexico
también also, too
tan so, as; **tan . . . como** as . . . as
tanto, -a *(adj.)* as much, so much;
  tantos *(pl.)* as many, so many;
  tanto *(adv.)* as much, so much
tarde *(adv.)* late; **más tarde** later
tarde *(f.)* afternoon
tarea task
te you, to you, for you
teatro theater
techo roof
tela cloth
telegrafista *(m. & f.)* telegraph
  operator
telegrama *(m.)* telegram
tema *(m.)* theme
temblar (ie) to tremble
temblor *(m.)* tremor, earthquake
tempestad *(f.)* storm
templo temple
temprano early

tener *(irreg.)* to have; **tener celos
  (de)** to be jealous (of); **tener
  que** to have to; **tener miedo** to
  be afraid; **tener razón** to be right;
  ¿qué tiene usted? what is the
  matter with you?; **tenía** had;
  tenga have
tentación *(f.)* temptation
tercero (tercer), -a *(adj.)* third
terminar to finish; **termine**
  finish
territorio territory
tesoro treasure
tez *(f.)* complexion, skin
ti you (2nd person sing.) (object of
  a prep.)
tía aunt
tiempo (period of) time,
  weather
tierra land
tilma blanket
tío uncle; **tíos** *(pl.)* uncles, aunt
  and uncle
típico, -a *(adj.)* typical
tipo type, kind
título title
toalla towel
tocar (qu) to touch, play (an
  instrument); **tocarle a uno** to be
  one's turn
todavía still, yet
todo *(n.)* everything, all; **todo, -a**
  (adj.) all, every; **todo el mundo**
  everybody; **todas las mañanas**
  every morning; **todos los días**
  every day
tomar to take
tonto, -a *(adj.)* foolish, silly
tonto fool
tortilla a thin Mexican bread made
  of corn or wheat
tortura torture
torturar to torture
torre *(f.)* tower
torrero, -a lighthouse keeper
tos *(f.)* cough
trabajador *(m.)* worker
trabajar to work
trabajo work
traer *(irreg.)* to bring

traído, -a (*p. p.*) brought; **trajeron** they brought; **trayendo** (*pres. p.*) bringing

traje (*m.*) dress, suit, clothes

tranquilamente (*adv.*) calmly, peacefully

transformar (en) to change into

tras (*prep.*) after, behind

tratar to treat; **tratar de** to try; **tratado, -a** (*p. p.*) treated

través (*m.*), **a través de** across

travieso, -a (*adj.*) mischievous

trémulo, -a (*adj.*) trembling

tren (*m.*) train

tribu (*f.*) tribe

triste sad

tristemente (*adv.*) sadly

trono throne

tropa troops, soldiers

trueno thunder

tu(s) your (2nd person sing.)

tú you (2nd person sing. subject pronoun)

U

último, -a (*adj.*) last

único, -a (*adj.*) only

universidad (*f.*) university

universitario, -a (*adj.*) university

uno (un), -a a, an, one; **unos, -as** some, a few; **los unos a los otros** to each other

usted(es) (abbrev. Ud., Uds., Vd., Vds.) you (3rd person) (object of a prep.)

útil (*adj.*) useful

Uxmal ancient Mayan city in Yucatán, Mexico

V

vacaciones (*f. pl.*) vacation

valer (*irreg.*) to be worth; **valdrá** will be worth

valiente (*adj.*) brave

valor (*m.*) value, bravery

varios, -as (*adj.*) (*pl.*) different, several, various

varita small rod

vecino, -a (*n.*) neighbor

velar to watch over

vencer (*z*) to conquer

vender to sell

venida coming, arrival

venir (*irreg.*) to come; **venga** come

ventana window

ventura luck, fortune; **por fortuna** by chance

ver (*irreg.*) to see; **se ve** is seen

Veracruz chief seaport on the Gulf of Mexico. Cortés called it «La Villa Rica de la Vera Cruz» (The Rich Town of the True Cross).

verbo verb

verdad (*f.*) truth; **es verdad** that's true, that's right

verde (*adj.*) green

vergüenza shame; **tener vergüenza de** to be ashamed of

vestido, -a (*adj.*) dressed; **vestido de** dressed in or as; **vestido** (*n.*) dress

vestir (i) to dress, wear; **vestirse** to dress oneself

vez (*f.*) time; **en vez de** instead of; **una vez** once; **otra vez** again; **de vez en cuando** from time to time; **unas (algunas) veces** sometimes

viajar to travel

viaje (*m.*) trip, voyage

viajero, -a traveler

victorioso, -a (*adj.*) victorious

vida life

viejo, -a (*adj.*) old; (*n.*) old man, old woman

viejecito, -a; viejito, -a (dim. of viejo, -a) little old man or woman

viento wind; **hace viento** it is windy

Villa Rica de la Vera Cruz name given by Cortés (1519) to seaport now called Veracruz

virgen (*f.*) virgin
visita visit
visitar to visit; **visitando** (*pres. p.*) visiting
vista view
vivir to live; **vivido, -a** (*pres. p.*) lived
vivo, -a (*adj.*) keen, quick, alive
vocabulario vocabulary
vocal (*f.*) vowel
volcán (*m.*) volcano
volar (ue) to fly
voluntario, -a volunteer
volver (ue) to return
voz (*f.*) voice; **a una voz** with one voice, unanimously; **en voz alta** in a loud voice, aloud; **en voz baja** in a low voice

Y

y and
ya already, now; **ya no** no longer
yo I
Yucatán peninsula in southeastern Mexico between the Gulf of Mexico and the Caribbean Sea

Z

zapato shoe
zorro, -a fox